答案营销

给用户想要的一切

陈为正◎著

浙江工商大學出版社
ZHEJIANG GONGSHANG UNIVERSITY PRESS
杭州

图书在版编目（CIP）数据

答案营销：给用户想要的一切 / 陈为正著 . —杭州：浙江工商大学出版社，2019.3
ISBN 978-7-5178-3049-8

Ⅰ . ①答… Ⅱ . ①陈… Ⅲ . ①网络营销 Ⅳ . ① F713.365.2

中国版本图书馆 CIP 数据核字（2018）第 270449 号

答案营销：给用户想要的一切
DAAN YINGXIAO：GEI YONGHU XIANGYAO DE YIQIE
陈为正 著

责任编辑 谭娟娟
封面设计 可圈可点工作室
责任印刷 包建辉
出版发行 浙江工商大学出版社
（杭州市教工路 198 号 邮政编码 310012）
（E-mail:zjgsupress@163.com）
（网址 :http://www.zjgsupress.com）
电 话 0571-88904980 88831806（传真）
排 版 程海林
印 刷 嘉业印刷（天津）有限公司
开 本 787mm × 1092mm 1/16
印 张 15.25
字 数 147 千
版 印 次 2019 年 3 月第 1 版 2019 年 3 月第 1 次印刷
书 号 ISBN 978-7-5178-3049-8
定 价 49.80 元

浙江工商大学出版社营销部邮购电话 0571-88804228

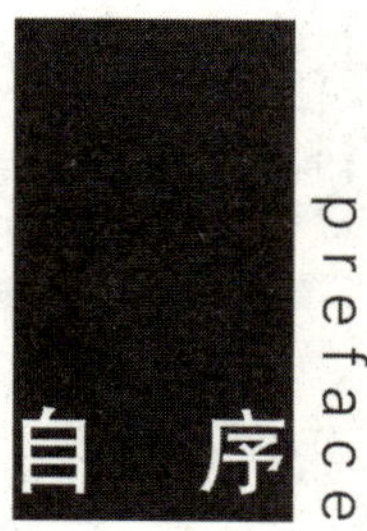

自序

在数字化时代，人们越来越真切地感受到知识管理的重要性。不论复杂还是简单、独占还是公有、具体还是抽象、隐性还是显性，知识都在以信息的方式进行传递和传播。人总是要经受知识的洗礼，人自身也在不断提供知识，人与知识的这种互动以找寻答案为表现形式，贯穿人生命的始终。

互联网带来了信息的裂变式扩张，背后的动因是人们的欲望在不断扩张。在求知欲的驱使下，所有的网络平台都在输出内容，也都在不断沉积。人们聚合在网络上，“提问题”的人多了，“给答案”的人自然也不会少。但是，汹涌澎湃的信息爆炸带来的海量碎片化信息，给人们造成了巨大的阅读负荷，他们无法在第一时间获取最有用、最直接、最正确的答案，反而对大多数信息会形成本能抗拒的逆反心理。因此，在用户与答案之间搭建更精准、更高效、更直接的知识链，成为“答案营销”的使命。

对用户需求的核心维度与产品的各个维度追根溯源，结合需求（场景）穷尽、答案预埋、答案跟随等多种手段，让答案与用户发生关系，即让企业及其产品与用户发生关系，帮助用户获得解决问题的答案，最终达成营销，这就是答案营销的初衷。整个社会都在讲求合作共赢，帮助别人才能更好地成就自己，我们的营销行为更应该如此：刚好你需要，正好我专业，这样的“对口”决定了我们要深入用户群体，聆听他们的心声，而不是为营销而营销，给用户制造太多他们不需要的信息，甚至形成广告骚扰。答案营销的设计思路，是通过了解用户情境与场景，帮助用户克服某些人性弱点，解除某种担心，并赋予用户某种价值认同。

也许有些朋友会问：答案营销就是做简单的问答吗？

当然不是。答案营销不是单纯地策划一个营销点子，也不是一次性的营销活动。答案是帮助，营销是互助，答案营销需要营销人能够踏踏实实地认知自己的产品、认清不断变化的目标用户人群并跟他们产生关系，帮助他们解决生活和工作中的困惑。

很多人都有被自己的经验坑了的经历，这是因为人们习惯用过去的经验来判断认知并做决策。我们要面对的用户群体，让他们借助新事物来解决旧问题是一个相当艰难的过程。当我们用答案营销思维重新审视每一次营销活动的时候，就会明白“冰山模型”下那最重要却最容易被忽视的80%的冰层是如何发生作用的。当我们用答案来引导并帮助用户主动发现问题，积极寻找解决方案的时候，我们的营销就变得顺理成章。

教书的工作经历让我懂得，知识与经验的最大价值就是让更多人能够在需要的时候直接应用。在带领团队策划开展各类营销工作时，我会要求每个团队成员全程参与策划，并对每次营销结果进行汇总并做分享，团队成员也都因此得到历练与快速成长，他们当中有很多人后来进入了小米、联想、用友等知名企业担任营销或市场相关部门的重要职务。近几年来，我也在帮助一些知名企业和营销机构做营销顾问及培训工作，他们敦促我将自己对于答案营销的思考与实践整理出来，帮助更多从事网络营销、品牌宣传及市场推广的新人更快速有效地开展工作。

《答案营销》带给大家的是基于网络营销的多维思考，阐述了答案营销的理念、答案分解和答案铺设，并分享了众多营销案例。答案营销在帮助企业节约营销投入的同时，还能为企业的营销带来持续的长尾效应。对于营销经验丰富的朋友来说，《答案营销》所传递的理念也是值得思考的。

纸上得来终觉浅，只有不断对过去的营销项目进行总结分析，并开拓新的营销项目进行实践，才能心领神会、学以致用。我在三节课、网易云课堂、千聊、荔枝微课等平台上，都会以“答案营销”为主题，通过语音或视频分享的方式，用大量的实操案例结合本书内容，给大家做答案营销的更多应用分享。

希望拙作能够帮助更多企业走出网络营销的困局，帮助企业节约营销投入，并长时间持续产生营销效果。

陈为正

2018 年 5 月

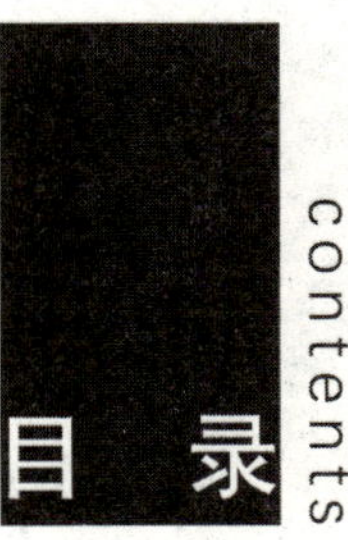

第一部分　你为什么要做答案营销

第二部分 答案营销的答案是什么

第三部分　答案营销要怎么做

第一部分　你为什么要做答案营销

人们终其一生都在寻找一种叫作答案的东西。

每个人从出生起就面对认知世界与自我的无数问题，这些问题如雪球般越滚越大，给我们的生活带来无限的焦虑。

在漫长的人生历程中，我们会受到哪些事物与环境的影响？是什么东西改变了我们的选择与结果？我们又是怎样去影响和改变身边的人和事的？

毋庸置疑，每个疑问的指向都是相对的选择，每个选择都对应不同的答案。因为个体的差异，每个人都有各自认为的关于生活的标准答案，但对你来说，其他人的答案都只是参考答案。

人的一生都在被答案左右。

2013年底，国内某知名互联网公司X即将发布充电宝产品，充电宝领域的知名制造企业S长期深耕传统渠道，但在互联网营销方面则比较弱势。面对来势汹汹、互联网影响力巨大的新对手，S有些措手不及。在X的充电宝产品正式上市的前一天，S的负责人坐飞机到北京，紧急与我的团队商议营销对策。

公司方面临危受命，临时成立了一个紧急项目组，我在当天晚些时候才进入该项目组，负责整体营销方案的策划及执行。当晚开会到深夜，几个人做了大量的前期工作，都还没有确定最后的方案。

第二天早上7点多，我来到公司与S的负责人交流我和团队沟通过的想法。营销方案最迟必须在上午11点正式执行，在进行简单的沟通并得到确认反馈后，我们立即接受授权，开始准备营销物料。

活动当天，S在微博平台上借力X开展的营销活动，用与X相反的策略，为X的用户提供了一个不一样的选择（答案），如愿获得大量关注。在未借助 KOL（关键意见领袖）营销大号宣传的情况下，S 当日的官方微博单条真实曝光量最高超过 6 000 万人次，转发量超过 13 000 人次；活动第二天，通过官方微博发布的 50 000 张天猫优惠券不到 6 小时就被抢光，天猫旗舰店的产品周销量是平均周销量的 8 倍多；同时在百度指数上，S 的品牌关键词搜索量迅速上升，超过 600%。

这是一场品牌营销战，更是一场用户争夺战。这一次营销活动，让 S 感受到了网络营销的巨大威力，S 开始注重全面铺设营销答案，拉近品牌与用户之间的距离。几年过去，S 在充电宝领域的用户调研结果排名中，各方面都稳稳排在 X 之前，并且拉开了相当的距离。

企业的经营是一个长期的过程。在这个过程中，如何持续挖掘并满足用户群体的需求，如何帮助企业找到更理想的长效营销模式，成为众多企业需要思考的问题，而我们的答案营销，正是由此出发。

从《十万个为什么》说起

《十万个为什么》诞生于 1959 年，是集科普与趣味性为一体的社科系列丛书，初版仅有物理、化学、天文气象、农业、生理卫生 5 册，收录了 900 多个问题。到了 1962 年 12 月，它又增加了数学、地质地理、动物 3 册。这一版本总共 105 万字，收录了 1 484 个问题，印刷数达到 530 多万册。经过一次次的修订补充，《十万个为什么》的新版本收录的问题也越来越多。

即便如此，《十万个为什么》仍旧解答不了人们脑海中持续不断产生的各种问题，人们仍旧在不断地问“为什么”。解决这些“为什么”，就是抓住了一个契机，拿下了一桩生意。

随着电视媒体的发展，国内外的求真知识类节目层出不穷，不断吸引着人们的关注，并大多收获成功：

1994 年，上海电视台《智力大冲浪》开播，收视率居高不下。1995 年，美国 NBC 广播电视网推出《64 000 美元问题》，红极一时。1999 年，中央电视台创办《幸运 52》《开心辞典》《三星智力快车》等王牌现象级节目；各地方电视台相继推出《超级英雄》《以一敌百》《财富大考场》《无敌智多星》《步步为赢》《百万富翁》《一触即发》等节目，均大获成功。2002 年，英国 BBC 一档高水准的益智节目 *The Weakest Link* 被引进中国并定名《智者为王》，参与者的奖金最高可达 20 万元。2008 年，由英国导演丹尼・博伊尔执导的电影《贫民窟的百万富翁》在整个颁奖季获得 105 个提名，并拿下 79 个大奖。2011 年 10 月，印度小伙苏希尔・库马尔参加印度 KBC 电视台《谁想成为百万富翁》节目，获得 5 000 万卢比（约合人民币 643.9 万元）终极大奖，被印度媒体称为真人版“贫民窟的百万富翁”。2013 年，中央电视台《是真的吗》与观众一起通过现场实验，探索验证他人提供的“经验”的正确性，成为收视普遍低迷的电视节目中一档非常受欢迎的益智节目。网友在新浪微博中提出的关键词“是真的吗”检索超过 11 730 000 条结果，搜索引擎的搜索量超过 1 亿次。

…………

上面提到的这些赢得超高收视率的电视节目，它们吸引人可不仅因为种种诱人的奖励，还因为节目本身在趣味性与知识性上精耕细作，充分调动了观众的热情，并邀请嘉宾与观众在上至天文下至地理的问题中不断地猜想或验证着答案，找到正确答案的同时也让观众对已知或未知世界的认知得到更新。

这一切都源于人类求知的本能。

婴儿认识世界就是从好奇心开始的，陌生世界的新鲜和神秘，激发了他们的求知欲。求知欲驱动的知识体系构建行为，将人与动物区别开来。这种本能的求知欲，给人们带来了找寻答案的动力。“活到老，学到老”的求知欲将伴随人的一生。

当我们开始认识世界、融入社会，就要开始充实自己，积累足够多的知识，保障自己在社会上的安全，寻找对个人有利的发展空间。此时的我们会向自己所处的环境提出有关于人、物、事的各种问题，并希望得到他人的教导与解答，这个过程就是寻找答案的过程。

答案可以帮助我们积累知识、消灭无知、认识世界；可以帮助我们学会成长所需的技能，并提升幸福感；可以帮助我们融入社群，发现兴趣爱好，打破信息不对称。

答案营销究竟是什么

20 世纪，有一首由著名作家三毛填词的歌曲《橄榄树》在市场上大获成功。

不要问我从哪里来
我的故乡在远方
为什么流浪
流浪远方　流浪
为了天空飞翔的小鸟
为了山间轻流的小溪
为了宽阔的草原

流浪远方　流浪

还有还有

为了梦中的橄榄树　橄榄树

这悠扬的歌词让听者不由得思考起“我是谁？我从哪里来？我要到哪儿去？”的问题来。这首歌曲充满了生命的内涵与文化的哲思，被当时的媒体评为改变流行音乐走向的里程碑。

生命的意义是什么？在不同的参照物面前，每个人会有不同的答案。我们终其一生，都在各个角色的转换中，寻求自我认可的答案。而这些答案，能帮助我们更好地与世界相处。

打开搜索引擎，键入关键词“答案是什么”，会显示超过 1 亿个搜索结果。

百科词条对“答案”一词的定义是“对有关问题所做的解答”。

答案因问题而存在，答案也因人而异，答案解决的最大问题是信息的不对称。

按照答案营销思维划分，目前的互联网中主要存在两类人：寻找答案的人和提供答案的人。寻找答案的人可能会通过搜索引擎和专业工具去寻找已有答案，也可能通过特定的网络社区 / 社群提出问题，等待他人提供答案。所有网络空间，都是靠各种与主题相关的问题将众多用户聚集在一起的。答案的使命是要解决信息不对称，网络搜索引擎是解决信息不对称的催化剂，让大量的用户快速获得更多潜在的、可能有用的答案。

网络信息既能对用户的问题进行标准解答，也能针对客观问题提供可以参考的系统或碎片的答案。一些提供答案的用户还可能对网络用户的问题需求进行引导、挖掘并开展营销，这样就为答案营销的开展提供了空间。

答案营销，基于目标用户的需求，结合特定的场景，以提供答案为方式将服务或产品与用户的需求串联起来，利用信息不对称进行认知操作，把目标用户群体渴求得到的“正确答案”投放到相应场景中去，以达成用户主动的认知与购买，完成企业产品或服务的营销使命。

答案可分为常识与知识两种表现形式。答案营销是将常识与知识跟目标用户群体发生关系，利用各种方法，从根本上将产品或服务与用户进行捆绑，变成帮助用户解决问题的方案。

答案营销不仅仅存在于网络平台中，也存在于我们的日常生产和生活中，一直伴随着人类社会交易行为变换自身内容。

在物质匮乏的年代，答案营销常常是以常识的身份出现的，比如什么能吃什么不能吃，什么东西可以做成衣服遮体保暖，什么东西可以治疗哪些疾病等，社区宣传栏里就经常贴着各种普及生活常识的问答海报。

进入物质丰盛甚至过剩的年代后，几乎一切都可以成为商品。

商品的价值通过社会层面的交换体现，交换就意味着可以进行选择。“酒香不怕巷子深”如今已成为过去式，谁越能够更周到地为用户着想，与用户离得越近，谁的产品就越可能成功。

全世界答题

从 2017 年末至 2018 年初，国内互联网行业的第一个风口出现在直播答题 App 上。

在线直播问答模式源于国外一款名为“HQ Trivia”的 App，2017 年其在北美走红。用户在直播平台上答题就可以平分巨额奖金，这让很多使用者感受到了用知识赚钱的乐趣。

2018 年 1 月 3 日，王思聪用一条微博掀起了“直播答题分奖金”的热潮，由他站台的《冲顶大会》闪亮登场，一时间拥趸甚众。不到半个月，映客直播、西瓜视频、花椒直播、一直播等直播平台纷纷加入这场“撒币”大战，天猫、京东等行业巨头也跑来“蹭热度”参与答题，企业冠名包下答题专场的场景屡见不鲜。在一两周内，答题奖金的最大数额由《冲顶大会》的10万元人民币直接蹿到今日头条系西瓜视频《百万英雄》的500万元人民币。很多人的朋友圈里晒得最多的动态，从微信小程序“跳一跳”游戏的成绩单，变成参与直播答题“赢钱”的成绩单。

伴随答题平台的分享激励机制的推出，越来越多的人加入直播答题这场“抢钱”游戏中来。截至2018年1月15日7时，App Store上的数据显示，西瓜视频依靠《百万英雄》冲上免费App排行榜第2位，《冲顶大会》排在第9位，《芝士超人》排在第31位。

为了留住用户，平台不断变换玩法，从起初模式单一的答12道题通关拿奖金，发展到复活卡、团战、红包题、不封顶答题等，玩法变得五花八门起来。有的平台降低答题难度，用“雨露均沾”的形式鼓励用户绑定银行卡等个人信息，用巨额奖金吸引用户“奋战到底”。

在答题过程中，用户的注意力高度集中，投放在平台中的品牌广告，很容易让用户留下印象。腾讯的一份直播答题调研数据显示，用户对答题过程中出现的广告的接受度超过75%。这么高的接受度，必定能够“以知识问答带动广告认知”，达成极佳的转化率。除了商家，CCTV多档栏目、人民网、新华网、央视春晚等官方平台也借助直播答题的热度来开设专场，与平台方达成共赢。

2013年，腾讯为了推广微信支付，与商家合作，在各大城市地铁站的自动售卖机推广微信支付1元买饮料活动，希望创造出更多的场景让用户使用微信支付，但收效甚微。2014 年初微信红包一经推出，绑定银行卡的用户在春节前后短时间便迅速过亿，这被马云称为移动支付领域的“偷袭珍珠港”事件。直播答题在热度过去之后如果复活，有没有可能像微信一样，改变移动支付市场格局呢?

雷军在小米 2017 年年会上说：“将来，所有的商业巨头都是互联网公司，也都是金融公司。”金融业务正在成为互联网公司的标配，贯穿其业务体系，并帮助企业增强用户黏性，完成大规模流量变现。

与微博平台上一些非明星大 V 的个人账号为了吸引大量微博粉丝而抽奖送豪车一样，答题直播不仅成为其平台增加自身下载量和活跃用户量的营销推广手段，而且是培养用户黏性的方式。通过在线支付与提现获得用户核心信息的方式，也给平台带来拓展其商业模式的可能。

用户答题的动机，其一是为瓜分奖金；其二是在消遣碎片时间的同时，找到社交群体的共同话题。

企鹅智库的调研数据显示，参与答题的用户有七成会主动邀请好友一起答题，有超过四成的用户是通过朋友的分享或邀请加入答题的。参与直播答题，让众多网友在社交场合中，找到了更多与他人发生互动的话题。

手机 App 的选择成本很低，用户不喜欢随时可以删除。但是，当用户跟一个平台绑定了银行卡并发生金钱交易的时候，这个平台的 App 就没那么容易被抛弃了。经过平台方运营手段的引导，用户留下来甚至陷进去的可能性很大。直播与视频平台因为直播答题而激活了所有用户的自主传播积极性，提升了用户的留存度与活跃度，实现了平台的运营目标，因而直播答题成为平台运营手段中的绝佳答案，也成为用户乐于依附平台的重要答案。

人无时无刻不在做选择，选择自认为正确的答案并接受相应的结果。当人们看到特定问题时，都有知晓其答案的欲望，这是人们的天性使然。

很多做影视编剧的朋友，为了吸引观众的注意力，每一集都会根据时间节点与角色需要，设计出其不意的、有冲突性的情节，留下悬念（问题），带领观众进入戏剧逻辑，而观众也经常会按自己的思维下定论，故事要是这样 / 那样发展就好了。

每一集的结尾留下的悬念，总能引起观众对接下来的情节发展进行一番想象。观众明明知道剧情是既定的，其发展都是编剧安排的套路，却仍然会朝着编剧挖的坑一个个往下跳，直到剧终。

生活中处处是套路，我们却乐在其中，不管如何选择，总有一款适合你的套路。探究“套路”背后的方法与技巧，就是答案营销的答案。

你会为点菜纠结吗

人类是群居的，我们无法完全脱离他人而独立存在。《鲁滨孙漂流记》中的鲁滨孙遭遇海难，只身漂流到孤岛之上，面对生存的危机，仍旧在绝望中寻求希望：他建了房子，做了桌子和吊床，抓了羊、猫和鹦鹉，种了小麦和稻子，做面包，驯化了“星期五”……他创造出自己的小王国，保障了自己的生存，也获得了安全，但没有人给予爱，甚至没有人注意到他的存在，最后他也只得逃出那个荒岛，带着“星期五”一起回到了文明社会。

在文明社会的生活中，衣食住行依然是头等大事，但社会分工更明确，人们对衣食住行有了更多的选择。因而我需要抛出一个问题：你会吃饭吗？

这问题看起来似乎很无聊，张嘴吃饭谁不会？但藏在这句话背后的深意在于，在解决了果腹的生存需要之后，现代社会的人已经在思考如何提高生活的品质，吃饭这件普普通通的事情已经变成一门学问、一门艺术。

即便不自己动手做饭，大多数人也会面临如何点餐的难题。有些人到了餐馆确实不知道该怎么点菜：让人眼花缭乱的菜谱、口味各不相同的朋友，都可能会导致胡乱点菜。这时候尤其需要有人给出一个有用的答案。我经常去 ×× 饭店招待朋友，点菜的时候，服务员会明确地询问顾客的口味习惯，提醒顾客根据人数来合理点菜，同时还会推荐特色与特价菜；下单前，会根据人数和所点菜的分量，提醒可能吃不完，询问是否打包，吃饭过程中临时加菜会推荐制作时间更短的菜；当我们要一些酒水的时候，服务员会问是否有人要开车，并提醒喝酒不能开车，必要时还会帮顾客预约代驾司机。

这种贴心的服务，预先对顾客可能遭遇的问题进行“抢答”，让顾客体验省心、省事、省力的感觉，既为顾客找到最简单的点菜解决方案，又让顾客避免了点菜不妥当而造成的尴尬。

专业媒体与社交平台及人工智能等就是为人们的需求提供解决方案的。在移动互联网热潮来临之前，我们大多会通过搜索引擎、BBS 社区、行业垂直门户等渠道寻找问题的答案，这些答案分散在各个地方，尽管不一定是我们想要的，我们还是会耐心地寻找。

移动互联网的快速发展让很多人变得更“懒”，也可以说变得更“智慧”了，喜欢用更简单、专业、短周期的方式获得服务，喜欢通过搜索网络口碑所提供的答案来解决自己的需求，或者直接将自己的需求晒在朋友圈/微博上等着别人来提供答案。

无数需求分布在我们熟悉的问答社区网站、社交App及垂直平台上，形成了非常可观的“需求图谱”，这当中自然也就蕴藏着无限的商机——有需求，就有营销的无数种可能。

随便用手机打开百度知道、微博、知乎、好孕帮等网站或App，都可以看到无数的问题和求助。移动互联网给我们带来了比以往更加便利的个性化表达方式。

我们来看一组新浪微博的关键词搜索数据（见表1）：

表1　新浪微博关键词搜索数据（截至2018年4月）

关键词	微博 2012-02-01	微博 2018-04-03
怎么办	18 400 641	334 764 150
为什么	64 780 240	890 996 444
买什么	731 925	77 502 604
吃什么	3 502 959	57 801 664
用什么	1 312 794	387 272 959
求助	2 911 628	47 024 849

（续表）

关键词	微博 2012-02-01	微博 2018-04-03
请教	1 147 171	26 634 300
求证	1 972 814	6 968 343
求解	1 641 974	6 502 439
求救	1 046 401	11 915 163

通过上面的数据，我们了解到，仅新浪微博平台每天对于吃穿住行的公开求助，就数以百万计。虽然数据看起来如此惊人，但超过 90% 的需求都无法通过微博本身获得答案。更让人不爽的是，我们只要发布一些带有关键词的微博，很快就会收到一些企业官方微博或者 V 认证为行业专家的用户的回复，但是他们的回复都是为产品推广而进行的互动，这种过于赤裸裸的推广方式严重影响了微博平台的用户体验，被大量用户投诉及排斥。

网络对于我们现代人而言，已经和吃饭一样重要了，而移动互联网的快速发展更是让网络加速升级换代。移动互联网的伟大之处在于让每个人都无缝连接网络，智能手机基于这一基础，将不同语言、不同文化、不同层次的人都考虑到了，他们也得以通过手机无缝衔接进行信息互动。

在好大夫在线网站上，一位来自北京海淀的妈妈发出问题咨询："1 岁的小孩去医院检查发现贫血，白细胞很高，但没有发烧腹泄等异常现象。小孩不爱吃东西，如何是好？”问题发出半小时，就有多位医生针对该咨询进行专业解答。

很多患者对就医流程并不清楚，甚至会因此与医疗机构发生误会，让医患关系恶化。这些答题的医生明确回答了患者家属的疑问，并对病患下一步的检查提供了指导。通过网络解答，患者知道了去哪类医院的哪些科室、进院后如何就医等答案信息，提前得到了帮助。

在湖南一个小村庄里，一位中年大叔通过智能手机就能轻松检索到北京平谷山东庄镇的平谷大桃种植专家，通过在线沟通，开启他的大棚水蜜桃之路，试种产品很快就可以上市。

一位外地到柳州的朋友发了一条附带地址信息的微博：“柳州哪里有螺蛳粉吃啊？”短短三分钟内就有两个网友为其提供了答案，两个不一样的答案都提供了具体的位置信息，该网友可以轻松地从中优选自己认为合适的答案。

人们涌进各大网络互动平台与社交平台，开始可能只是围观他人，关注别人在吃什么、做什么，看一些冷笑话、心灵鸡汤、星座话题等有趣的内容，而后才逐渐成为话题参与者和答案提供者。

如果你的微信好友足够多或者你加入了许多微信群，你发出的问题在朋友圈或群里得到答案的速度肯定会比微博更快。

微信答案响应速度快于微博的说法可以通过一些公开数据获得印证：

2015 年的数据统计显示，超过 55.2% 的微信用户每天打开微信超过 10 次，到 2016 年时已经达到 14.5 次；36 氪公布的 2017 年 12 月的月数据显示，三大社交 App 的渗透率依次为微信 84.7%、QQ71.7%、新浪微博 34%，网民使用移动社交 App 日均超过 152 分钟。

答案营销的机会就在于，当我提出的问题没有在现实中获得满意的回答时，也总有机会在网络上找到可替代的解决方案。

网络就是生活，在这里有人分享八卦，有人传播资讯，有人寻医问药，有人咨询生活与消费方式；也有专业或热心人士为大家提供答案，有从未谋面的陌生网友为我们提供问题（需求）的整体解决方案。有的答案非常专业，有的很无厘头，还有的答案提供一组或几组供你选择。

两个人或许短时间内并不在彼此的视线里，但只要在某个时间节点、某个共同的平台上发现彼此存在供求关系，就可能产生互助性消费。当我可能成为你的一个潜在消费者的时候，你肯定不会轻易放弃跟踪我的需求变化。若是忽略我的需求变化，我找到替代品的成本与你找到准客户的成本孰高孰低？结果显而易见。

你会点菜吗？总有擅长点菜的人给你提供解决方案。这种服务可以转变成帮助用户解决需求的答案，建立互助式的消费关系：你帮我解决了点菜的难题，我照顾了你的生意。

前面提到的不少过于急功近利的硬性广告性质的答案，在过去一段时间内成为很多企业的官方微博运营标准内容之一。关系来得太突然，突然得过于密切，只会适得其反。不排除有用户确实急需产品解决方案，但被取消关注、被拉入黑名单成为很多本来应是精准目标用户面对硬性广告时的行为选择。假设你就是自己的目标用户，你有没有想过“嗟来之食”会是什么感受？你也许会吃饭，但根本不想吃送上门的那一份，因为“天下没有白吃的午餐”。人们更愿意自主获得而不想被陌生人拥抱得太热烈，谁知道那是不是一个陷阱呢？这一心态就警醒我们必须能在彼此间建立起联系，并形成足够的信任。而“答案”，正是帮助我们建立认知与信任的绝佳渠道。

旁观者，清吗

移动互联网不断升级迭代，今日头条、美团等应用迅速成长为“独角兽”，并开启新一轮的用户争夺，用户对于社交等需求的迁移速度很快，企业营销人要做的是跟紧重点目标平台，服务好用户群体。

上网对个人来说，是一件私密、充分体现个人习惯的事情。搜狗输入法大数据团队与共青团中央联合发布的《中国青年网民网络行为报告（2016—2017）》显示，青年网民四分之一的生活时间都被网络占据：“80后”网民忙于生活，注重网络社交；“90后”是主流网民群体，观念超前；“00后”网民轻互联网而重游戏偶像。不同的年龄群体，上网的爱好多种多样。

我们都想离目标用户群体更近，知道他们的喜好，但用户在网络上的行为表现大多在第三方平台展现，多数时候，我们都只是一个旁观者。我们不清楚目标用户群体与个体的想法与行为，而只能通过抽样手段获得信息，可这些信息并不代表接下来用户群体仍然会重复之前的行为方式。

有个小伙子喜欢上了一个漂亮姑娘，我们并不知道他真正喜欢的是她的什么特点。是美丽动人的外表，带出去倍有面子，还是丰富的学识，满足了他对高知的需求？或者是贴合的“三观”，不用说出口也能懂对方？

如果我们通过观察或调研，获得了小伙子的喜好点（初衷），就有可能针对小伙子的行为展开预知和判断。

我们的目标用户群体也是一样，只有清楚地了解到他们需求的出发点（初衷），才能更有效地开展营销规划，毕竟营销活动是需要用前瞻性去引领用户的群体行为的。

当我们对目标用户的群像不够清楚时，就要更多地借助第三方数据、自有的历史数据、其他参考数据，并进行采样跟踪调查获得有效数据，指导我们的营销活动。

不同的时间段，各大互联网公司及一些专业数据分析机构都会推出相应的数据报告（含报告、趋势、调研、白皮书、蓝皮书等），下面是对这些数据报告的一个简单分类：

1. 以腾讯（企鹅智酷）、阿里（阿里研究院）、百度（百度指

数 / 百度研究院）、谷歌（谷歌趋势）、新浪（新浪智库 / 微博数据中心）、360 趋势（360 研究报告）、今日头条（头条指数）等互联网巨头为主发布的大数据分析报告。

2. 波士顿咨询、麦肯锡、贝恩咨询、埃森哲、德勤咨询、普华永道咨询、毕马威咨询、IBM 等国际咨询公司发布的咨询报告。

3. 尼尔森、新华信、汇调研、零点有数、益普索、捷孚凯、艾瑞咨询、易观国际、央视市场研究、慧聪、艾媒、极光、云鸽等咨询公司发布的各类行业报告与趋势分析。

4. 互联网数据中心与未来智库、创业邦、创业家、商业价值、36 氪、Tech2IPO、CSDN、知乎、果壳等的数据报告。

5. 中国互联网络信息中心、中国消费者协会及更多统计 / 政务 / 经济 / 民生服务的政府部门不定期发布的相关数据报告。

6. 各互联网垂直领域公司或个人对相关行业领域的数据报告分享。

在我们需要开展营销活动的时候，一般经常会先做 SWOT（优势 Strengths、劣势 Weaknesses、机会 Opportunities、挑战 Threats）态势分析，这些数据报告将帮助我们更精确地分析目标，明确目标用户群体的普遍行为特征。基于主流渠道或平台的大数据分析，将为我们所开展的营销工作提供良好的方向性保障。

与此同时，还需要针对产品特性与营销计划，在重点平台上对目标用户进行跟踪、采样，这样才能更接近真实用户群体的个性化需求。缺少采样和跟踪确认，没有深度理解外部大数据的话，一些营销决策可能会产生偏差，从而让营销效果大打折扣。我们需要做足够的准备亲自深入重点平台的目标用户群体中，了解平台上的用户思维与行为模式和预想的可能性是否存在偏差。只有借助大数据分析，并以与用户亲密接触的方式取样，才能真正清楚用户在想什么，才能针对性地开展更高效的营销。

作为旁观者，在营销活动开展前，你做了多少呢?

人的最大需要是什么

人在不同时间段的欲望都不同，需求也就跟随欲望而变化。

古希腊德尔斐遗址的阿波罗神庙门柱上镌刻着一句名言：“认识你自己！”这是先辈哲人给后人留下的一道世界级难题，没有人能给出一个明确的解读。莎士比亚悲剧中的李尔王在极度愤怒和痛苦之际大声疾呼：“谁能告诉我，我是谁？”李尔王的呼声充分表现出人们对自我认识的困惑和迷茫，以及迫切需要认识自我的焦灼心态。

人们一直都在艰难地认识自己，从内心追问自己，并随着时间的推移开始重新认识自己。随着环境的改变、年龄的增长，当人们对于世间问题的答案越来越多，就会不自觉地调整自己以适应环境的变化。人类的群居特性与社会化分工，使得我们的人格、信念、价值观在一定的自身条件下与社会相互作用。

每一个人都需要依靠他人的帮助而获得有质量的生存，也依靠帮助他人而显示其存在的价值与意义。被需要，才是人们最大的需要。

眼前人来人往，他们在追寻什么？有多少人活着是为了寻找活着的意义？当这些大而泛的哲学命题萦绕在人们思绪里的时候，他们往往会迷茫困惑。最现实的活着就是保障生存，适应并融入社会，满足物质与精神追求，享受尊严，实现自我价值。人们绝大多数时候都在围绕更现实的目标不断地寻找答案。

“我存在你深深的脑海里”，在你需要的时候，我才会变得有价值。如果任何人都不需要我，我就将成为这个社会的弃儿。所以，感谢“利用”这个词吧，它绝对是个褒义词，利用本质上就是需要，它让一切值得被利用（被需要）的人、物、事变得有价值，并肯定和利用这份价值。

在马斯洛需求层次理论中（见图 1），生理需求（呼吸、水、食物、睡眠、健康等）可以理解为生物本能需求，只要是活着的个体，都会追求这些基本需求的满足。从安全需求（人身安全、健康保障、资源所有性、财产所有性、工作职位保障）开始，人的很大一部分需求就开始变成主观的被需要。情感和归属的需求（友情、爱情、亲情）和尊重需求（自我尊重、信心、成就、尊重他人、被尊重、社交）会让你发现一切需求都需要跟其他人打交道才能实现，而这些需求被满足的前提之一就是你的某一方面确实被对方需要。在自我实现需求阶段（道德、创造力、自觉性、问题解决能力），个体要面对的对象将是更广泛的社会群体，所有个人成就都需要他们的通力协助才能完成。

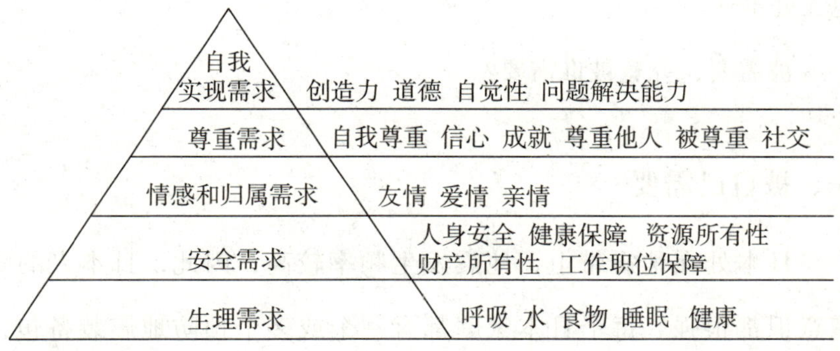

图 1 马斯洛需求层次理论图

要想保持人与人之间的亲密关系，一定要让对方感受到你在某方面需要他或者他在某方面需要你。被需要感是压力，会让一个人对自己提出更高的要求；被需要感也会将压力转变为动力，人们会为了满足被需要感而更加奋进。

被需要，才能证明你的存在与价值，没有谁可以例外。

社会需要你，你就有做不完的事业；他人需要你，你就有交不完的朋友；亲友需要你，你就有享不尽的欢乐。被需要，拥有独特的价值，这种价值可以是一种能力，可以是一种担当，可以是一颗炽热而乐观的心；这种价值，可能可以量化，也可能无法用价格去衡量。心里只有需要的人是自私的人，会越来越不被需要。

被需要是个体与个体、群体与个体的黏合剂，具有不可阻挡的魅力。

人们生活中的所有答案都来自被需要，所以，关于营销的答案也无处不在。

被需要，究竟被谁需要？

一、被自己需要

日本处在地震带上，地震发生频率较高，因此，日本人的防震意识都很强。每个日本家庭都有一个或多个预防地震装备包，包里有水和头巾、保存期限为5年的方便食品（用水泡1小时就是米饭）、手握式发电手电筒、保存期限为3年的菜（用水泡就可以吃）、能点燃100小时的蜡烛、压缩衬衣、哨子（3 000赫兹）、炉灶、不用水的洗发水等应急品。

生存是本能，不论何时，我们首先要保障的是基于生存与生理需求的吃穿住行，保障自己不受侵害。这个本能会促使你去寻找食物丰富的场所，远离容易被外界伤害的事物。

我们从婴儿时期开始到成年这一时期的代谢过程非常快，每天要消耗大量的能量，婴儿的啼哭通常是表示饿了、渴了或身体不舒服的信号，在生理需要无法用语言来描述的时候，婴儿的啼哭就成了最好的信号。

幼儿园的小朋友开始自己挑好看的衣服，吃好的食品，这一现象背后，有家庭教育的引导，也有动画片、广告及玩伴的诱导。这个时候的小朋友已经开始有了社交需求，最突出的表现是“他有，我也要”“他吃好吃的，我也要”“他在玩那个玩具，我也要玩”等。幼儿的社交，一开始都是基于一维的交往策略，即幼儿在与他人打交道的时候，只是从一个维度出发，“我要怎样”或“你应该怎样”等，他们思考的方向是单一的，还不会换位思考；经过一段时间后，才慢慢学习掌握多维的交往策略，即除了满足一维的思考，还会增加一个或多个维度，学会选择双方都认可的互动方式。他们无数的“我要”，就是最直观的被自己需要。在慢慢长大后，自理、自信、自强、自立、自爱等一切以自我为中心的诉求都迫使我们想尽办法成为自己想要成为的那个自己，在这一成长过程中我们提出了无数的需求，也面对无数可供选择的答案。

公开的资料数据显示，目前中国的中产阶级人口数量为全球最多，已经达到2.25亿，这些人的需求按理说，都应该进阶到高级社交及自我实现了，但实际上，他们同样要考虑诸如买房换房、充电进修等提升生存能力的基本需求。这一阶段，他们买房子买的是什么？最初买的可能是便宜，接下来买的是配套，然后买的是社交关系，高素质的居住群体让他们远离危险。这些，都是他们对自己的生存方式升级的需要。

人是环境的产物，为了适应更好的环境或改变不利的环境，人们总是在对自己提出要求。

二、被他人需要

我们经常听到身边的人感叹做什么事情没有一点价值，或许只是因为所做的事不是他自己想要的结果，或者也不是满足别人需要的结果。

人类社会对一个人的价值评价的根本尺度，是这个人的人生活动是否符合社会发展的客观规律，是否通过实践促进了历史的进步。一个不被需要的人只能独自生活，按照达尔文的进化论，这种人的基因很难被流传下来，现在人类的基因里面几乎没有离群索居的祖先基因。所以，人的价值主要表现为社会价值，一个人的价值从被别人需要开始：被需要，才会有你的出生；被需要，你才能找到有商品性质的生存方式。

被需要，意味着自我被外部肯定，拥有安全感。爱，就是一种典型的被需要，孤掌难鸣，独木不成林。人都有感性的一面，爱的需要常常会轻松击败犹豫不决。大量的产品都在以爱的名义、以被需要的名义被人宣传，并帮助我们进行选择。

被需要，能迅速生发出群体认同感和个人成就感。无论男人还是女人，如果感觉到自己不被“需要”了，都会陷入空虚和落寞，与社群产生脱节甚至敌对。被需要能帮助人们在社群中找到自己的位置，并激励人们为之努力。

一位影视明星在一个采访中坦言自己很在乎“被需要”的感觉：“我很了解自己，我是一个很需要‘被需要’的人，就是你期待我有表现，我才会给你表现，如果你不期待的话，我其实很难给自己一个动机或者一份动力去做这件事情。你告诉我的话，我会更了解你要的是什么，比如说要以哪种方式进入某个角色的状态。”

现代人最大的苦恼来自自己需求无休止的膨胀，明明物质生活、娱乐方式丰富，却总处在不满足的状态等待“升级”。我们最大、最平实的快乐是在帮助了别人后，被别人认同、信赖甚至依赖（被需要），为了维持这种被需要的快乐，获得更多的被需要，我们的行为决策会变得更为理性。

我们的大脑中有专门负责表达语言、识别面部表情、读懂别人肢体动作的区域，其中建立了一个巨大的交互数据库，里面记录了我们为别人做的事情和别人给予我们的帮助，并对正在发生的事情做出判断，趋利避害。大脑进化得这么复杂，就是为了使人能够融入群体之中，被别人需要。

女人容易产生孤独感，她们需要不断地获得各种快乐，例如购物，经常买一些可有可无的物品，挑选到被大家赞赏的商品时的快感就像“触电”一般。她们吃奇怪的零食，涂艳丽的指甲油，和闺密们讨论各种糗事……这些快乐来自他人的“需要”或者自身的“伪需要”，也可以看作是群体中的个体，为了证明自身的独特性与价值、渴求被关注被需要的表现形式。

三、被环境需要

个体与群体是历史唯物主义的一对范畴。个体指处在一定社会关系中，在社会地位、能力、作用上有区别的有生命的个人。群体是指一定数量的个人通过一定的社会关系而结合起来的集合体。群体由个体组成，个体不能脱离群体而存在，它受到群体的制约。个体存在于人与人的相互关系之中，个体之间以各种社会关系为纽带组成各种不同的群体。每个人都在不同的时间段具备不同的群体属性：一个人在公司，与同事构成公司的组织群体；回到家中，与家人构成家庭群体；参加聚会活动，又与朋友构成临时的活动群体。

我们的世界由男人和女人组成，对于年轻单身男性而言，住所就是一个睡觉的地方，而如果那里还有个美女，那住所就变成了他的天堂。一旦生活环境发生变化，每个人都会积极为新环境买单。大量的营销创意与广告宣传都在帮助产品寻找跟用户发生关系的新场景（环境），以此来引导或改变用户的消费决策。

认清群体与个体之间的关系，唤醒人们相互之间的被需要，可以成为开展营销的新起点。例如，卖给老年人的保健品，商家可以转向瞄准青年男女，将产品包装为年轻人在节假日回家时孝敬老人的刚需（被节日环境需要）；卖给女生的卫生棉，商家可以选择从男生下手，将产品包装为他们关心女生的暖心之选（被男女关爱环境需要）。

《王者荣耀》本身是一款免费游戏，它是如何实现年度收入超300亿元，成为助力腾讯登顶港股第一宝座的巨大财源的呢？其中的秘密就是游戏皮肤，仅仅靠卖游戏中的角色道具，这款游戏就能每天收入1.5亿元。这款游戏收入出现下滑的两三个月，腾讯市值也随之下滑超过20%。

买皮肤道具，是为了好看，增强游戏体验，同样一个角色，穿上买来的服装道具就更炫酷。更重要的是，当好友都没有皮肤，就你有的时候，你会非常有优越感。同样的英雄，对战的双方一边全都有皮肤，另一边没有，他们的心里阴影面积有多大？反过来说，对面的英雄都有皮肤，但是你没有，多半会被对方用语音和文字嘲讽。大量玩家通过比拼皮肤质量获得的满足感，超过了在游戏中对战胜利的快感。

在游戏互动中，很多人不断地被组队的战友提醒要给角色更好看的皮肤，在他们眼里，一个皮肤决定了你对这个英雄的喜爱程度，如果游戏中的李白、韩信没有皮肤，基本上就会被人断定是个坑。据统计，有皮肤的玩家会比没有皮肤的玩家玩得更好，而且皮肤越稀有技术越高。为什么？因为掏的钱越多，玩家对角色就越珍惜、重视，越要提升技术，才感觉自己对得起这款皮肤。游戏开发者在设计游戏时完美地抓住了这一心理，鼓励玩家买皮肤的意图传递也非常到位。

人类是群居动物，在生活中总会遵循“物竞天择”的法则，生活中的各种处世观跟游戏世界观没有本质的差别，跟不上时代的变化就会吃亏。每个人都不想被时代淘汰、被环境抛弃，任何时候，任何场合，都愿意为更好的生活环境买单。

从游戏心理的精准抓取来说，游戏设计是非常值得我们学习的，让目标用户们娱乐化、游戏化地参与产品或服务的营销环节，我们的营销之路也会更通畅。

寻找答案，还是成为答案

一、占卜——一种古老的行为

占卜是一种解惑之道，一种文化现象。古人对于外界事物的发展缺乏足够的认识，因而一般都会借自然界的征兆来指示自身行动。但自然征兆本身并不常见，出现时还需要有人去做专门的解读，占卜的方法便应运而生，《易经》中的象、数、理，一直都存在于我们每天的生活当中。

占卜有个说法叫“无疑不占”。占卜就是为了解决疑问而做，那么在开始占卜前，得先亮明你的问题。《易经·蒙卦》曰：“匪我求童蒙，童蒙求我。初筮告，再三渎，渎则不告。”这里的意思是，占卜算卦一定是对方来求问，你再做占卜。对方不求问，你就不要做，而且，对同一个问题，只算一次即可，反复问那就是亵渎。

人们都想通过占卜得到一个确切的结果。那么，是什么决定了结果？是人们自己的念头、自己的思想。所以，改变人们的思想，就是在改变结果。

为什么占卜能伴随人类历史数千年而不衰？是因为人们对未知的恐惧和趋吉避凶的欲望。人们总想提前知道许多未知而迫切的问题的答案，以实现自己的目标，达成自己的愿望。占卜，就是提前获得“答案”的一种方式，用“答案”引导人们做出最大的努力而达成目标，并能接受没有达到预期的结果。

占卜是一面镜子，通过它，我们可以检视、修正自己；占卜是一张地图，通过它，我们可以在一番权衡后选择合适的道路。太多的人并不明白占卜的真实意义，他们只是想走捷径，通过占卜“预见”自己的未来，因而滋生了大量冒牌的“占卜先生”，他们如果真的信了这些冒牌先生的“答案”，结果是显而易见的。

二、两个很贵的答案——保险与“答案茶”

在众多的行业中，“一本万利”的保险业与博彩业总是令人瞩目。中国保险监督管理委员会发布的 2017 年度保险统计数据报告称：2017 年财险公司原保险保费收入为 10 541.38 亿元，同比增长

13.76%；寿险公司原保险保费收入为 26 039.55 亿元，同比增长 20.04%。而在 2017 年，澳门博彩业总收入接近 2 000 亿元人民币，内地彩票行业收入超 4 000 亿元。

2018 年初，一款叫作“答案茶”的产品在短视频 App 抖音上走红。其抖音号到 4 月初的播放总量已达 5 500 万次，点赞超过 110 万人次，2 个线下实体店经常门庭若市，创造了茶饮行业的营销奇迹。

“答案茶”借助人工智能技术（需求识别）与答案生成器及 SaaS（Software as a Service，软件即服务），结合 3D 打印（输出结果），将一杯普通的奶茶赋予“占卜”的神秘色彩，给用户带来惊喜。其实人工智能与 3D 打印技术已经发展很多年了，但用户对于技术的感知往往略显迟钝，因而并不为人所知。一旦新的技术结合了切中用户群体需求的点，再加以恰当的引导，必然可以引爆市场，“答案茶”的引爆点恰恰就是“给答案”：对用户搜索历史的关键词进行 AI 识别，3D 打印输出“答案”。借助这一思路，目前“答案茶”的售价为每杯平均 14 元左右，两三个月内已签约超过 249 家加盟商，迅速打开了全国市场，向全国亿万用户提供“答案”。

三、你已成为平台的答案——被侵犯的个人隐私

2018 年 3 月 17 日，知名社交软件脸书被曝将 5 000 万选民的个人信息、朋友网络及点赞过的内容泄露给数据分析公司剑桥分

析，用于美国大选广告的精准投放。事件引发大批网民在推特上发起对脸书的声讨，脸书市值一天就蒸发掉367亿美元。这一大新闻也引起全球网络用户对个人信息被跟踪和泄露问题的高度关注。

随着脸书用户信息泄露、360水滴直播永久关闭、支付宝晒年度账单时默认勾选服务协议等影响恶劣的公众事件被不断曝光，网络用户的信息安全意识一步步地走向觉醒。我们在注册社交网络账号的时候，手机号、邮箱甚至身份证、银行卡等信息不断被平台引诱交出，而后我们在网络平台的点赞、转发、分享等行为，被平台透露给第三方营销机构和企业，通过这些平台，第三方营销机构和企业找到了他们的精准投放对象。在百度、微博、微信、淘宝、今日头条、360等国内主流平台上，每个人每次不经意的网络行为，就像一块块拼图，在网络上逐渐拼出数据化的自己，它们透露出我们的兴趣喜好、购物倾向，透露出我们的需求与痛点所在，然后被各个平台的大数据营销充分利用。用户们若要获得精准的网络信息推送，就必须拿个人在网络上的隐私来交换，这已经是透明的规则。在网络平台上，每个人都在近乎“裸奔”，由不得自己，除非注销一切账号，随时清空自己的浏览数据。现在的人们正全力以赴地拥抱虚拟世界，不料，虚拟世界比街角林立的摄像头更喜欢窥视他们的一举一动，让人无处可逃。未来，大数据很有可能成为平台“围攻”人们个性化生活的导航仪。

而答案营销则是一种授人以鱼不如授人以渔，推销产品不如推荐知识，硬广告宣传不如常识渗透，告知结果不如帮用户寻找答案的营销方式。其营销思维与传统营销思维的区别就在于：向目标受众群内铺设的不是纯粹的产品广告，而是基于用户群体需求点的常识对接与吻合，帮助用户解决生活和工作中的问题，不需要借力于侵犯用户个人隐私来做传播的营销环境，它常常会以一套有用的知识或常识的形式向用户呈现，并在特定的场景中跟大多数用户群体发生关系。

是什么为谣言插上了翅膀

《现代汉语词典》对“谣言”一词的解释是“没有事实根据的消息”。与之相近的一个词为“流言”，解释是“没有根据的话”。

谣言的特点是能在一定数量的人群中快速传播，并且能让许多人相信。2009 年 11 月上映的《2012》是一部关于全球毁灭的灾难电影，在电影中，玛雅人预言 2012 年 12 月 21 日是世界末日。随着电影的热映，一场席卷全球的关于“末日”的讨论随之兴起，电影中以玛雅文化为背景和逼真震撼的灾难场面，使不少人一度信以为真，“世界末日说”很快成为最热门的话题，直到 2012 年 12 月 21 日大家都平安度过之后，这一谣言才不攻自破，慢慢淡出公众的视野。

微博刚刚兴起的时候，我们也能看到很多谣言。比如一条微博选取国外多年前的冰挂封住汽车、冻住房屋的照片，说是国内某个地方的情况，让许多人信以为真并四处转发；一些火灾或事故的短视频几乎每年都被一些自媒体大号拿来“重播”，吓得不少不明真相的粉丝以为“狼又来了”。过时的信息再次被当成即时信息传播，也是谣言的一种形式。

谣言是相当复杂的一种社会传播现象，不是简单的一句“没有事实根据的消息”就可以概括，也不可简单地视之为“捏造的消息”或“未经证实的传闻”。

一、谣言的起点

人民网《求真》栏目与百度辟谣平台联合推出 2018 年第一季度谣言热度榜。数据显示，前十名的谣言中排名第一的是这么一条信息：“央视新闻报道，从 2 月 25 日起依新规定开始大检查，所有麻将馆都将查处（包括小区之内）。凡是 60 岁以下的一律逮捕，拘留 5 天，罚款 500 ~ 1 000 元。”该谣言被搜索超过 9 171 万次，它打着央视新闻报道的幌子，利用了群众对权威新闻媒体的信任被肆无忌惮地传播；同时，这一谣言的传播时段正逢节假日，正是大家有大量空闲的时候，这就更容易抓住他们的注意力，并进行转发。

每逢重大事件，如果某些重要的关键信息缺少或者公开不够全面，就很容易滋生谣言。反之，关于事件的重要性和模糊性两方面，任意一个趋于零，那么谣言就很难产生。网络谣言的泛滥，很大一部分不是因为信息的不透明，而是受众普遍都懒于思考，懒于求证。例如一些有关儿童失踪的求助，一条早已证实为谣言的信息，被人为改个地名和电话之后，被人重新通过社交渠道发布出来，造成大量转发。历史上，从陈胜吴广起义（鱼肚藏书），到明末农民起义（李自成起事后，传有歌谣“闯王来时不纳粮”，再到太平天国运动传有歌谣“跟着洪杨到白头”），谣言几度成为推动历史进程的助推器。

谣言不断被重复转发，一是因为“宁信其有，不信其无”的观念，威胁到人们基本安全的东西带来的危机感往往最能引起人们的共鸣，这类谣言总是热传，就是因为它们击中了人们的“伪痛点”，让人们认为自己所处的环境并不安全；二是因为谣言内容利用了人们的善良、同情心，唤起了人们的同情心和保护欲望。

谣言的产生与传播，本质上跟传播介质无关，而与社会环境、人们的行为活动有关。由于信息不对称或权威信息传达不及时，人们会对某些事情的真相寻求一个合理解释。从这个意义上讲，谣言的传播有助于解答人们的疑惑或规避风险，极端地说，传谣的过程也是帮助人们不断发掘真相的过程。例如前几年武汉在极端雾霾天气时传出化工厂爆炸、氯气泄漏等谣言，随后武汉市政府及有关部门联合开展调查并联动辟谣，谣言才慢慢破除。

当前世界处于信息爆炸时代，中国正处于经济转型的关键时期，社会信任机制还没有成熟，贫富差距大、社会矛盾凸显等，失序的社会格局给谣言的产生提供了生存空间，“好事不出门，坏事传千里”，集体无意识现象和惊人的信息传播速度给了谣言更大的传播空间。中国互联网络信息中心发布的第 35 次《中国互联网发展状况统计报告》显示，超过 54.5% 的网民对来源于互联网的信息表示信任，网络信任成为社会信任的重要组成部分，这使得非正式渠道发布的信息即使缺乏可信线索，也能与官方发布的信息抗衡。互联网环境的变化使得谣言可以随时随地地被发布和转发，让谣言快速抢占话语空间。

网络上存在大量的强关系（生活中的好友通过网络联系）与弱关系（与陌生人因某个观点认同而彼此关注），谣言像是病毒，在强关系中更容易让人相信，在弱关系中更容易被传播。

大量 UGC（User Generated Content，用户原创内容平台）的繁荣是互联网发展的必然，网络守门人的缺失和信息极强的互动性，强化了谣言的煽动力和感染力。在传统媒体传播过程中，不实的、带有误导性的、不符合主流价值观的信息会首先被编辑筛选排除；而在互联网上，每个人都可以成为自媒体，他们对事件的评估受限于自身的社会背景、思维方式和当时情绪，信息过滤能力相对较弱；亲人、同事、同学、互动较多的好友之间的强关系使得每个人在网络上很容易站到对方的角度去信任信息的真实性，并帮助扩散和传播。假设在周口店猿人遗址中发现的头骨数量与躯干骨头数量不一致，有考古工作人员在他的朋友圈或微博下结论，猜测 2 万年前的人类吃食同类，并把没吃完的头骨带回山洞。大量亲友和自媒体人据此捕风捉影，将这种猜测当作真实情况，那么关于古代猿人的一个谣言就随之诞生了。

主动制造谣言的人，他们深知造谣就要危言耸听一些，并选人群最多、关注度最高的场合进行散布，这样才会让人产生“不转不是 ×× 人”的感觉。几年前那个把灭掉一窝老鼠传播成“灭门惨案”的网友，就是用这种方式把自己送进了拘留所。

二、谣言沦陷人心的曲线

从传统的口耳相告，到移动互联网的普及，传播技术革命带来了信息载体的更新换代，互联网即时传播的特性，让它更容易成为谣言的温床。

以 2012 世界末日这一谣言为例，通过梳理我们可以发现，谣言传播的主要路径有如下几种。

1. 人内传播

2012“世界末日说”源于苏美尔传说中的一个假想的行星尼比鲁，很多人知道这个假想行星尼比鲁后，纷纷对信息进行内化处理，逐渐产生“尼比鲁将撞击地球”的说法。后来，一群自称能与外星人沟通的人说尼比鲁将要复归，并把这一灾难的最初时间预测为 2003 年 5 月，但当时什么都未发生，于是他们又将时间改成了 2012 年 12 月。这个说法原本只是一些人的揣测，而且建立在一颗假想的行星基础之上，缺乏可信的依据，但这是 2012“世界末日说”传播的基础，是“世界末日说”谣言人际传播的源头。

2. 人际传播

当个人完成谣言基础内容传播后，2012“世界末日说”便开始由人内传播走向人际传播。在人际传播过程中，为了传达更丰富的意义或增强传达效果，人们将自己掌握的不对称信息辅以手势、体姿、表情、眼神等手段，通过如群体沟通、电话、电子邮件或社交软件等媒介，借所谓“科学推理”之名来进行传播。为了让“世界末日说”更可信，有人提出一个说法：太阳系将穿过一个神秘的、完全虚构的太空区域，这一区域被称作光子带。利用这类理论，邪教“天堂之门”在 1997 年 3 月制造了耸人惊闻的集体自杀事件。“世界末日说”借助各种错误推理与胡乱关联，扩大了自己的传播范围和影响。

3. 群体传播

当公众还对“世界末日说”半信半疑时，就已经在无意中成为群体传播的一员，并都在寻求更多的信息来求证事件的真伪。群体传播的一个重要特性是“群体追随”，或叫“群体遵从”，这导致部分被社会边缘化的群体，因对社会不满而希望公平正义的“新世界”的到来。“末日准备族”忙着储备存活必需品或训练求生技能，就是这种“群体追随”现象的折射。

4. 大众传播

大众传播是一对多的传播，其传播范围更广，影响力更大。传统媒介不管是辟谣，还是报道有关2012“世界末日说”的任何新闻，都会有意或无意地传播“世界末日说”。《2012》的全球上映更是对这一假说起了相当大的助推作用，电影上映3天，收入2.25亿美元，最终总票房达7.6亿美元。从效果上看，电影的全球影响力要比其他大众媒介大得多。

5. 网络新媒介传播

新媒介以手机、互联网为主体，人人都是信息的传播者同时也是接受者，形成去中心化的传播网络，形成双向互动的传播模式。1997年3月至5月，天文爱好者卡克·施拉梅克对海尔－波普彗星进行观察时得出了错误结果，推导出自己的“世界末日论”。他在某网站留言说，一颗伴星紧紧跟随在这颗彗星之后，在下一次回归时地球将遭遇灭顶之灾。该网站将这条消息不断夸大，传至全球。在之后几年，各种各样的“世界末日说”如接力棒般被网民疯传，有点对点、点对面、面对面的高速、超量、多样化、范围广的特征，加上手机与网络新媒介融合传播，以及网络媒体传播的即时性、开放性、匿名性、交互性、个性化、多元化、低门槛、监管难等特点，2012“世界末日说”如洪水般泛滥并蔓延开来。

综上所述，人们之所以经常会听闻各种谣言，就是因为谣言借助社交网络与自媒体等渠道，通过人际的、群体的、非正式的渠道进行传播，并被公共媒体在正式渠道进行放大式传播。

三、做谣言的敌人

当人们看到并主动判断某信息为谣言的时候，这份信息已经不知道是二手信息还是 N 手信息了，而且人们几乎不可能查实谣言的源头在哪里。

在社交媒体尚不发达的 2000 年初至 2010 年左右，网络信息大多通过文章（新闻、博客等）或论坛帖子等形式进行传播，因而比较方便查找这份信息最早来自哪个网站、论坛、博客，甚至可以查到是哪个 IP 地址。而今我们更多地关注来自社交互动分享的信息本身，大量的图片或截图、复制的文字、小视频等内容出现在 QQ、微博、朋友圈里，很多信息无从查找源头，只能在被动接收后再进行判断。

网络谣言目前的净化关键变量，是指出谣言漏洞、官方辟谣、当事人与 KOL 联动等。但网络具有非理性、从众效应、去个体化和群体极化等特点，使得谣言净化难度增大。所谓谣言止于智者，说的就是人们要对接收到的信息进行筛选、判断及求证。我们的现状就是，面对信息洪流，人们大多不习惯如此较真，一部分人是不愿意思考，一部分人则是缺乏判断能力。

四、谣言与碎片信息

生活中大家都会接触到不少关于某事件的信息，这些信息一般都不全面，是碎片信息。碎片信息可以激活大众的安全意识与危机感，让他们产生相应的自我保护与关爱亲友行为；但在我们从事营销活动时，如果给用户提供的信息过于片面，就无法收到良好的反馈效果，反而会出现一些负面情况。

一种情况是被碎片信息误导。基于对事件的错误记忆或片面了解，接触误导性信息后，就会让记忆与事实发生偏离。

很多投资者在投资交易市场被“割韭菜”，就是因为不断被一些片面信息误导。例如某新三板挂牌公司做了一次信息的提前宣传。该公司在一次产品发布会上向现场多家媒体透露，即将完成第二轮和第三轮总计达 5 亿元人民币的融资，且融资均由国内知名投资机构投资完成。但经调查发现，这家公司在现场发布会中透露的信息，与其在全国股转公司指定信息披露平台披露的信息并不一致，该公司第三轮融资仍处于方案的探讨及与投资机构的初步磋商阶段。这八字还没一撇的事却被该公司当成事实进行消息发布，并由到场的知名财经媒体大肆宣传、广泛报道，使得这条消息在传播中急速发酵，极易让投资者对公司产生浓厚兴趣，进而误导投资者的投资决策。

另一种情况是被碎片信息干扰。一些信息与决策和执行无关，但影响人们正常做出判断。

干扰信息往往使决策者无法集中精力专注于应该专注的事情和问题，容易带来决策失误和执行缓慢。曾有组织行为学家做过一个实验：首先研究人员让研究对象说出自己家电话号码的最后三位数字，随后让他们猜，西罗马帝国灭亡的年代数字比他家的电话号码后三位数字大还是小，最后再让他们猜测西罗马帝国灭亡在哪一年。实验结果是，家里电话号码后三位数字大的人猜测的年代数字普遍大一些，电话号码后三位数字小的人猜测的年代普遍要小一些。历史事实明明与自己无关，人们却普遍地以自身的情况或得到的信息去判断历史，行为学家把这种现象解释为定位效应的影响。这个实验从另外一个角度看，正说明人们的判断经常会受到无关信息的干扰。

著名好莱坞电影《阿甘正传》的主人公阿甘是一个看上去有点智力障碍的人，但在许多心理学家眼里，阿甘是一个情商很高的人。每每遇到挫折的时候，他总会对自己讲“我妈妈经常说人生就像一盒巧克力，你永远不知道你会尝到什么”，从而不受更多干扰性信息的影响，很快能将自己的状态调整好。

干扰信息有时候来自个人过去的经验，随着环境的变化，这些经验已经不再适用，但仍固化在受众脑海中。这种已经不再适用的经验，给人带来的既有过于自信的风险，也有过于保守的风险。一家依靠科技领先获得成功的手机制造商，会过分相信技术领先的作用，而忽视对消费者需求心理的关注；依靠政府支持获得资金扶持从而迅速发展起来的房地产商，会过于自信自己的政府背景，从而忽视业务收入对资金链正常运转的影响。

通过对谣言的缘起和传播途径进行梳理，我们会发现，人们无力招架的并不只是谣言，在生活和工作中，我们还容易被片面信息误导或干扰。这充分说明企业主体主动去做“答案”的铺设是多么重要。我们的产品或服务在跟大众发生关系时，是不是需要做点澄清或者知会工作，而不是任由不知情的人拿着片面信息、干扰信息到处传谣呢？

答案营销要做的，就是让企业、品牌、产品、服务的关键信息提前预埋于网络，杜绝因信息不对称产生谣言，避免让谣言影响企业、品牌、产品与服务的形象，以利于我们自身更好地开展营销活动。

你在假装知道用户的需求

我在朋友圈、QQ 空间或者微博等社交平台上发布“想放松一下，有什么好办法”的信息，不同的朋友会给我提供不同角度的答案。有人会单纯地说让我做我爱做的事，有人会叫我去做个按摩放松，有人会给我推荐一款舒服的沙发……

“想放松一下”是非常抽象的需求，我们尝试着把这种抽象需求具体化：想买个沙发，什么样的沙发比较舒服又耐脏？大致确定了对沙发的要求后，可以继续延伸出更多的具体要求：要哪个牌子的沙发，喜欢实木还是环保材料，喜欢哪种颜色，哪个样式更适合自己居所的布局……这时候，更多满足个性需求的差异化营销便开始崭露头角，原来的抽象需求“舒服”，已转变为具体的产品属性和参数指标了。

百度知道平均每天会有约 24 万条关于“感冒了怎么办”的问题，这意味着每天有 24 万多的精准用户在寻找解决方案。假若感冒药生产企业、医药销售终端、相关医疗器械商家等介入这些问题的答案提供，日积月累，仅这一个平台，一年下来就能为感冒药品牌商家带来不少收益（产品销售额提升、品牌美誉度传播、用户为节点影响更多潜在用户、传播长尾效应）。

人的基本需求大致可分为两类，一类是物质需求，一类是精神需求。当人们还没有达到富足的生活水平，还处于身体的“赤字”阶段时，最重要的是以吃、穿、住、行等基于生理需求和安全需求的东西来作为护命的储备。人们进入生活富足阶段时，最重要的需求已经变成了精神需求，即情感和归属需求、尊重需求、自我实现需求。人们依然有大量的物质需求，但在面对产品或服务选择时，物质需求的重要性逐步让位于精神需求，能带来精神愉悦的产品或服务必然比单纯的身体满足更受欢迎。

一些人在谈合作项目时，可能会谈着谈着就跑偏了，跟客户谈得越多，客户提的要求也越多，最后却不能让客户满意，原因是把客户的“第一需求”给忽略了，而把最多的精力都投入不影响项目目标的细枝末节当中。

在罗伯特·B. 西奥迪尼的《影响力》一书中，西奥迪尼总结了互惠、承诺和一致、社会认同、喜好、权威、稀缺六大原则对人们身边的人和事发挥出的巨大影响力，它们影响人们的购买、捐赠、让步、选举或赞成等诸多行为。

我们借《影响力》这本书提出的理论，来探讨一下用户究竟想要什么。

一、实惠还是互惠

中国有句俗话：吃人家的嘴软，拿人家的手短。我们从小就被教育要懂得感恩，任何人都不希望别人说自己是小气鬼。在交易行为中，实惠经常只能给用户带来价格上的优越感，而互惠更能体现用户对价值的优越感。如果在用户发生消费行为时，还能让用户感受到他的消费行为带来了更大的价值，互惠心理就会产生。例如小商贩经常会说："我给你便宜点，那你能不能多买一点？"某纯净水"你每喝一瓶 ×××，就为贫困山区孩子捐出一分钱"的广告语也正是利用了这一心理。

二、承诺还是一致

王阳明"知行合一"的理念备受世人推崇，近几年更有自媒体专门为这一理念开设研讨社群，大量相关文章不断地被分享传播。中国人有一句俗话，叫缺啥补啥，"知行合一"如此备受推崇，就是因为生活中、工作中真正能做到的人太少了，所以人们不得不用怀疑的态度看世界，也用"知行合一"的理念鞭策自己。

在商业社会，不管什么样的产品与服务，用户在发生消费行为前，一般都会通过其他的方式对其进行“求证”，求证购买的产品或服务，商家承诺是否如实提供。

一旦我们做出某些决定，或确立了某个立场（如给某个产品定价、定销售渠道等），就会面对来自各方面的压力，尤其是当用户决定要跟我们的产品或服务发生关系时，用户的各种质疑会迫使我们通过实例/口碑等方式证明体验与商家承诺的一致性。

在我们的道德文化意识里，说到做到是受人敬重的品行，前后不一致则通常被认为是不良的品行，搞不好还要被投诉甚至吃官司。所以，在市场营销的过程中，我们自身要做到体验与承诺的一致性，不要做出不符合实际效果的承诺。

三、大众化还是权威性

人普遍会对具有某种权威的人或事表现出敬重和服从，比如学生遵从老师、员工遵从领导、病人遵从医嘱、士兵服从上级等。

为什么那么多专家天南地北到处开讲座、代言广告？为什么荧屏上各种“专业人士”郑重推荐的产品经常能够成为香饽饽？一些人的名片上印着一大堆头衔，并不是想告诉你他们拥有多少份事业，而是用“专家”“导师”“著名”“首席”等字眼提醒你，他们是权威。“尊重权威”的潜意识经常会影响我们的选择，认为对抗权威很可能造成错误和损失，这也是从众心理的一种表现。

女明星保持年轻的秘密绝对不仅仅是因为用了某个牌子的护肤品，但你走进商场，面对琳琅满目的护肤品，本能地会选择有自己熟悉的明星人像的那款。与其说是广告本身，倒不如说是名人的脸在影响我们的选择：看，她都用这个，那这个牌子一定不错！

我们推崇的权威，是能用真正专业的数据、知识向用户传递正确答案的人。

微博上有个做狗粮生意的人，苦于自己的狗粮广告没有区别于他人的亮点。在一位微博大 V 的建议下，他将自己的微博账号改为“狗粮专家 ×××”，没几个小时就有许多人主动找到他进行咨询。这个时候他还没准备好狗粮专家所应具有的学识，如果以“专家”身份去跟这些人交流，很容易就会露馅儿。他赶紧买书学习相关知识充实自己，整理出行业中的稀缺知识与数据，用专业术语与数据向用户证明，他并非徒有虚名，接下来他对自己狗粮的推销也就水到渠成了。

只要是面向大众销售的产品，都需要采用大众能接受的方式达成营销目标，为了让我们的营销更有成效，就要更多借助权威的力量。所以，在营销活动开始前，要想尽办法让自己的产品或服务在其领域有权威性。

四、社会认同还是自我认同

社会认同是引导我们学会评估自己的一种心理描述，通俗地说，就是社会成员对于某个事物的共同看法。社会认同理论认为，我们为人处世的标准之一，就是看别人是怎么想的，当我们要判断什么是正确的行为的时候，会把多数人的做法看成正确的做法。被誉为“权威中的泰斗”的新闻评论家沃尔特·李普曼曾说：“当大家都以相同的方式去思考时，没有谁会想得太认真。”

自我认同是对自己所思所做的一种认可，包含自我了解和自我实现。有些人的自我认同感不是来自自我，而是来自家庭或权威的价值观，这些人的内心始终存在一种自己无法意识到的匮乏感。比如小时候父母要求孩子要考 100 分，如果孩子没考到就会被责骂批评，这样孩子就会觉得自己很差，因为没达到父母的要求，自我认同感很低，长大以后，这种模式就会合理化，如果父母或领导没给指示，他甚至不知道自己应该做什么。

无论是一个人还是一个团队，大多数时候，对自身的认同感都要高于他人对自身的认同感。我们在社交场合中都希望既要做自己，又能获得他人认同，这是一种普遍心理。

在我们的营销活动中，产品或服务要能锁定某些特定的目标用户群体，就要照顾到用户的自我认同，小米“为发烧而生”的宣传口号激活了喜欢电子产品的年轻群体潜意识里的认同感，将自己定义为代表新潮电子产品的发烧友，并认同小米产品是发烧友的标配；而当我们的产品或服务影响到更大的受众群体时，就要照顾用户群体的社会认同，并试图影响群体间彼此的认同，“××亿人都在用”“绕地球 ×× 圈”的广告，虽然有夸张的嫌疑，但精准认知到了用户的社会认同感。

对一般用户来说，根据大众的经验去做决策，可以使自己少犯错误。对市场营销人员来说，找到目标人群的自我认同，就等于找到了产品切入目标市场的卖点；找到了目标人群的社会认同，就等于找到了实现产品大规模营销目标的契机。

五、满足用户喜好

社交主要分为熟人社交和兴趣社交，人与人之间大多时候都是因共同的兴趣而发生互动关系的。而今，年轻用户群体选择产品的时候，选择目标从“这功能真好”逐步过渡到“我喜欢就好”。

人们感兴趣的往往不是产品本身，而是遇到和自己在某个节点有同样经历或交集的人，比如在同一时段对 TFBOYS 疯狂，为国足惋惜，为国安呐喊。人们更在意拥有共同兴趣的人，在自己兴趣的圈子里更容易得到存在感和归属感，于是有了米粉（小米手机粉丝）、玉米（李宇春粉丝）、各种母婴社群等活跃群体。其共同特点是在参与兴趣的过程中，配合、互动，一起沟通兴趣内容，进而加深社交关系。

生活中，人们更容易为自己的“喜好”买单。夸奖、赞赏用户的兴趣，常常能够成为用户买单的动力，用户通过你对其喜好的认可找到了认同感。你认可用户的喜好，几乎就相当于你认可了用户的审美与品位，用户此时的优越感与愉悦感足以让他轻松做出交易的决定。

六、制造稀缺

人们在某段时间内所拥有的资源不能满足自身的欲望时，一些物品的稀缺性就会反映出来。但今天的许多稀缺，都是出于营销目的人为制造出来的。众多奢侈品品牌在“限量”上可谓做到了极致。商家为了让自己的限量产品卖出更高价，故意将以往的限量产品通过第三方进行高价拍卖或收购，使其看上去比别的非限量商品更保值，让用户感受到产品的稀缺性。在获得所谓的限量版产品后，用户可以用这一产品展示自己的优越感，他们在社交中也会因为拥有“珍品”而获得更多尊重。

被广大网友吐槽的小米“饥饿营销”便是制造稀缺性的典型代表，但小米的稀缺性并不是因为限量，而是因为在产品发布初期就激活了大量的购买需求，用户都想在第一时间获得最新的产品，但产能无法跟上用户的短期爆发性需求，从而产生供需失衡，所以才不得不采用“排队领号”的 F 码来解决，同时又通过 F 码向生产端反馈真实的需求，帮助生产链做决策。

在众多的营销策划过程中，适当地制造一定程度的稀缺性，让用户意识到不立即做决定将会失去什么，营销效果会更好。

产品附着物的杀伤力有多大

大家应该都听过《买椟还珠》的故事："楚人有卖其珠于郑者，为木兰之柜，薰桂椒之椟，缀以珠玉，饰以玫瑰，辑以翡翠。郑人买其椟而还其珠。此可谓善卖椟矣，未可谓善鬻珠也。"这个故事除了比喻人没有眼力，从营销角度来说还可以这么看：商人使装饰产品外表（设计）的价值看上去高于产品本身的价值，从而使产品的整体价格提高了许多。

越来越多的商家大力宣传自己产品功能之外的卖点，一方面是要推新产品，一方面也是制造关注点，以提升忠实用户的价值感。例如耐克公司为新一代 Mercurial 2018 足球鞋推出数量极为有限的专属鞋盒，这个鞋盒不会单独出售，将来必定会成为罕见的收藏品，价值超过球鞋本身。作为最终消费这些产品的用户，他们看中的还是鞋子本身的基本功能与价值吗？当然不是，他们看中的是附着物及附着物所蕴含的特殊价值。

因为速冻技术与冷链运输的发展，岭南特产荔枝每年都能通过冷链大量送往全国各地，人们在遥远的北方也能吃到新鲜的岭南荔枝。在采摘荔枝时，果商会要求果农连枝带叶剪摘，一方面是要保护树枝不被折伤，另一方面，带枝叶的荔枝能保持荔枝本身的水分不会过快地流失，果商可以将其作为荔枝新鲜程度的证据，卖出更好的价格。而消费者群体也想买到更新鲜的荔枝，这时候荔枝的附着物——枝叶便是最好的证据。枝叶这一附着物是判断水果新鲜程度的最佳参照物，胜过推销员的万语千言。

2017 年 9 月，国内市场出现了一款超百元的“天价”大米：600 克的米罐子响水大米售价 298 元。

市场上普通响水大米零售价一般是 500 克 10 ~ 20 元，米罐子的米为什么敢卖这么贵？根本原因在于其对品质、品牌与包装的把控。首先，米罐子的米为名声在外的响水贡米，用贡米过硬的质量来表明产品的良心；米罐子收购稻谷，只在罐装前才小批量现磨现碾；装米的米罐子里充进了氮气并密封，这样的包装能保证大米的最佳新鲜度，时长达 45 天，也就是说，罐装 45 天内的米罐子响水大米和现磨的没有任何差别。

米罐子品牌创始人、做设计出身的钟卫平采用波普艺术设计包装，选择与“吃”关联的名人（物理学家爱因斯坦、滚石主唱米克·贾格尔、演员玛丽莲·梦露）的嘴部特写作为罐子的主视觉元素，致敬经典，突出舌尖体验，以格子元素做外包装设计，美感十足。产品上市后受到各界好评，市场反响很不错，不久后就有人在其他领域模仿这款产品。

很多年轻人平日并不喜欢逛街买米，但他们会被米罐子那极富冲击力的外包装吸引，买了这款米罐子，不光有现磨的响水大米可以吃，还可以将外观漂亮的铁罐子拿来种花草，晒到微博与朋友圈，给自己带来巨大的满足感。从这一效果极佳的商业包装案例中，我们看到了产品附着物的魅力与力量，这说明实际上很多用户是非常愿意为产品附着物买单的。

产品附着物主要分为两类。

第一类是硬包装，即用户看得见的外包装。典型例子就是每年中秋节前后大卖的月饼。同一款月饼，由于品牌与包装方式的不同，分为礼品装、家庭装与散装等，价格差距可以达到几十倍。

第二类是软包装，即用户心理感知到的品牌价值。2014 年，某纯净水品牌在央视等平台播出一则时长达三分钟的广告，讲述该品牌在水源地选择上的精益求精，让用户加深了对其产品的情怀感知，消除了用户的各种顾虑。与几年前相比，该品牌纯净水的包装并未改变，但销量迅速回升，借着关注度的大幅提高，还顺势推出了高端瓶装水。

科技的进步，推动了人们生活方式的改变，所有的传统行业都需要借助科技实现升级。如果产品功能上没有改变，就可以让附着物来为产品的升级开路，创造更多的卖点。

次生需求才是购买的诱因

我们经常能听到一些女孩开玩笑说，要找个愿意帮她买单的男人做男朋友！

为女孩买单的男人通常会被女孩认为体贴、大方。眼下单身男女越来越多，但女孩在择偶时还是极少会说“只要是个男人就成”，哪怕真这么说，也只能说明她还没相中某个男人。

次生需求，即核心需求之外，对目标的其他附加需求。在“我要买一辆白色 2.0 排量的 SUV”这句话中，核心诉求是买车，次生需求是白色（颜色）、2.0（排量）、SUV（车型）。

人海茫茫，她为什么看中的就是你？年轻人择偶时，核心需求就是“找个对象”，年龄、身高、长相、学历、家庭背景、性格、工作、车和房等则是对对象的次生需求。在众多的次生需求中提炼出最体现差异化的卖点，以激活用户群体的共同需求。同类产品的核心卖点与产品基本功能、消费者核心利益息息相关，可替代性强，而次生需求往往让自身成为同类产品中最大的不同卖点，不可替代，更能够影响用户的购买决策。

对于商家来说，次生需求就是核心功能之外的核心卖点，这类卖点不再是单纯的产品功能。所有次生需求的卖点指向都是核心功能之外激活用户群体更深层次、更多元化的需求。

假设你和你的邻居都在卖扇贝。你们都卖 10 元一只，可是你的扇贝比邻居的大一圈，你的扇贝个儿大就是卖点；你的邻居卖 10 元一只，你卖 8 元一只，你的价格就是卖点；你在进扇贝时顺带进了一批小海螺，但是小海螺卖不出好价钱，于是你决定搞活动买扇贝送海螺，这也是你的卖点；你发现有些客户住的地方比较远，他们担心这些扇贝带回家不够新鲜，于是你决定买扇贝送足量冰袋，你的扇贝又多了一个卖点……

同一类产品所具有的共性，如果你第一个发现并发掘出来，让这个因素影响用户的购买选择，这个共性就能成为用户群体关心的需求点。众多西瓜中，如果你的西瓜“甜过初恋”，或者你的西瓜带着西瓜藤，自然会更受欢迎。

新生代的用户群体正全面进入“千金难买我喜欢”的个性化需求境界，谁能够在产品的差异化卖点中脱颖而出，谁就能赢得更多用户的喜爱。

很多用户在寻找答案的过程中，要的不一定是“真理”，而是“最好”，大家更想要的是自己内心预设的投射，是自己预想并期待实现的那个“我以为”。只要找到差异化的卖点，找到更大程度地吻合用户内心预设的投射的必然因素，就会找到更大的用户市场。

求证才是购买行为的助推器

弗洛伊德把人格划分为本我、自我和超我三个部分。本我是生物意义上的我，是一个人存在的自然形式，也包含无意识记忆和生理 / 心理的冲动。幼儿时期的“我”几乎完全由本我组成，但在成长过程中，儿童通过与身边的人相互接触，逐渐认识到本我的需求并不总能得到满足，而且必须加以限制，于是出现自我。自我是三个“我”中自知自觉的部分，是“我”在社会化过程中不断接受学习的结果，也可以称为意识我，它理智地试图在社会环境的需要与本我的自然驱动力之间求得平衡。超我则是在成长过程中对习得的“应该如何”和“必须如何”的内化，是对人格的审查和社会的监控。弗洛伊德认为，自我在本我和超我之间扮演着一个中间角色，在大多数情况下，自我都处于有意识状态。

人的本我、自我和超我无时无刻不存在、交错和作用于人本身，并衍生出人的种种社会行为。

试想一下这个场景：某天你加班到很晚才下班，疲惫地坐上公交车回一个小时行程之外的住所。过了两站，一个大娘刷了一下免费老年卡后径直走上来，站到你的座位边上。车上没有空余的座位了，这时候你的心理活动是这样的：本我要再坐一会儿，先让自己好好休息再说；而自我在考虑这样做会导致什么后果，周围的人会怎么看自己；超我提出关于我的行为的道义与正当性的问题——我难道没有义务向一个老年人让座吗？

让座还是不让座这个思量的过程，充分体现了人性骨子里的矛盾与利益权衡。这个权衡的过程就是一次需要与被需要的博弈：人类的社会化特性决定了人类彼此间存在无数的需要，也会给自己提出很多的问题并进行解答，这解答要么是为满足自己的需求，要么是为满足他人的需求。

在上文的场景中，如果听到公交车售票员的一句提醒“请为有需要的乘客让座”，“我”做出的反应可能就有所不同了。来自本我的需求常常要求有人为我们提供“求证”，证明应该、必须选择这样的答案。

一般情况下，人类的共同需求与个体需求均需要在特定条件下激活，激活的形式有时候表现为广告，有时候表现为社会道德或规章制度，也表现为人的心理活动，如责任心或爱心等。这些激活自我需求的手段，在营销中我们可以视为“引爆点”，这类“引爆点”可能是一种声音、一张图片、一段文字，也可能是自我的觉悟与判断。而求证，就是一种特殊形式的对需求的激活，是人们一切购买决策的必经之路。

求证，字面意思是寻找证据或求得证实，是我们在潜意识里为了保护自己的安全与财产不被侵害，用他人的已知经历或经验来消除自己的未知障碍的本能行为。在营销领域的求证，则有商家向客户证明自身产品品质的意味。营销产品时的求证主要有三种方法：自证、旁证、亲证。

一、自证

在很多产品的宣传中，我们可以看到商家现场试验、开发人员现身说法等，这些都是属于自证的方式。如今淘宝上的商品大多配上了商家的产品相关视频，这就是对产品进行演示说明的自证典型，以此打消用户的顾虑。这种求证方式给人的感觉，就像情侣之间的“爱不爱——有多爱”一样，有问就有答，非常直白。

二、旁证

旁证，即由第三方机构或个人来证明产品或服务的功能作用与描述一致，比如产品推向市场时宣传语里的“专家说”。旁证较多用在产品口碑的验证，如各大电商购物平台的好评、问答平台的问题与答案确认、产品的应用案例等。

即使在实体店，很多人也喜欢向旁边的人打听、了解自己的目标品牌、门店口碑如何。在大型商场里，一些非知名品牌门店喜欢开在知名品牌门店旁边，就是一种旁证，小品牌可以借这种旁证让自己迅速打开销路。

如果交易行为受到外在因素的干扰太多，就需要多个信息来对产品或服务进行旁证。这些证明是促使对方或双方做出判断并决策的关键因素。答案其实早就存在于用户的潜意识里，旁证只是加速了其决策进程并付诸行动。

三、亲证

在没有旁证或旁证没有足够说服力的情况下，用户为了证明其产品或服务的功能性与描述的一致，会少量购买产品，亲自验证后做决策，准备下一步的消费行为。亲证主要用于频繁采购的产品或多次消费的服务，易耗品购买、美容院美容这类项目，用户都是亲自体验后，才决定是否购买店里推销的月卡或年卡。超市里的各种试吃，化妆品、服饰的试用也是这个道理。

我们认识新产品或新服务，一般是先听说有这一事物，进行初步的了解，产生兴趣以后会设想在以后的某个时刻自己需要这种产品或服务，于是开始决定是否进行购买。在购买行为发生之前，你都会有求证这一基本行为，只有在保证自己的交易行为有效、不会白忙活的情况下，你才会下单购买。从听说到购买的过程还会受很多其他因素的影响，当有外在的旁证信息激活你的潜在需求时，你的超我将被激活，促使你直奔购买而去。

你若喜欢一样东西，会去求证。答案营销不只是帮助用户提供一个或多个解决方案，还要将更多的“求证”传递给用户，帮助用户做消费决策。只有做到这样，我们的营销才会变得更有意义。

第二部分　答案营销的答案是什么

你眼中的答案营销，只是一种网络广告形式吗？

开展营销前，你还要做点什么呢？

答案营销不是纯粹的广告，它是众多网络营销模式中的一种。在铺设答案营销前，需要了解自己的产品与服务、了解竞争对手动态、了解市场动向、了解目标用户网络行为偏好，尤其要对目标用户群体进行深入的互动、了解、认知，以此来寻找营销的突破口。你若不与用户为伍，不深入了解用户，用户凭什么了解你的产品或服务呢?

答案营销既然能够改变目标用户群体对产品或服务的决策路径，我们就要利用答案营销，深入每一个影响用户决策的环节，为用户提供有效、有益、有趣的答案。

因为长期从事营销策划相关的工作，我接触了很多企业的营销负责人，在沟通中常听到他们的一些困惑：

“我们明明做了很好的产品，卖点很清晰，产品销售渠道铺设了很多，也做了很多宣传，看传播数据表现还非常好，为什么产品无法像某些知名品牌那样真正在卖点领域形成强势品牌的影响力？”

“我们的产品在用户那里的口碑还不错，甚至比同类产品要好得多，但无论用什么营销方法，都不能实现明显的增长，这是为什么呢？”

“我们的产品很酷，服务也很棒，每次线下活动现场感兴趣的人很多，线上关注也不少，可为什么这些关注转化的订单寥寥无几，还不如人家一个小网红开的店？”

…………

在试图解决这些疑惑之前，我们首先要明确一点：无论什么形式的营销，达成交易才是营销的根本。

我们可以换一种方式理解营销，就是做解决方案，就是想办法让我们的产品或服务提供解决方案，从而帮助大量的用户群体解决实际需求与困惑。

人与人之间的交往，都会有一个从陌生到熟悉的互动沟通过程。用户与产品或服务发生关系前，更需要有一个充分认知的过程。而在这个认知过程中，用户一定是充满疑惑的。企业要将产品或服务卖给用户，需要对用户群体有清醒的认知，这个过程本质上就是对人性的认知。

开展市场营销活动的目的，不是将 2 元的矿泉水卖到 20 元或 200 元，也不是将梳子卖给和尚。营销的根本目的，是帮助客户创造可感知的价值，长期维系客户关系，并在帮助用户解决需求的过程中实现企业的价值。帮助客户解决需求的过程，也是帮助客户消除焦虑、战胜其弱点的过程。

答案营销的基础，就在充分认识人性弱点之上。

人性的哪些弱点常被利用

提到人性的弱点，我们首先会想到这些词：贪婪、恐惧、嫉妒、落伍、懒惰、好色、虚荣、迷信、随波逐流……有弱点不一定是坏事，所谓“弱点”都是相对的，换个角度看，缺点或许反而就成了优点。人性的弱点催生的消费和创造，促进了社会的进步与发展。《善恶经济学》的作者托马斯·赛德拉切克说：“不满足成为让我们进步和成长的引擎，也会让我们自己成为永不满足的引擎。”

网络上流传的“向少年卖希望，向女人卖青春，向老人卖健康，向中产阶级兜售生活方式”是对这个时代的消费观念最直观的解读。人们看到的每一样物品都可以被标上价格，传统的社交网络被信息技术瓦解，并通过移动互联网重组。交通、通信技术空前发达，出行和交流变得越来越容易，人们却正在变得越来越宅，越来越孤独，抱着手机、玩着游戏长大的新一代年轻人，在生活中或多或少都会缺少朋友，看视频、打游戏成了不少人摆脱孤独的重要方式。我们眼前的景象是“纵使走进茫茫人海，人海中没有你，我的世界依然一片宁静”，精神极度匮乏与不安，心理疾病正在成为危害我们健康的一大威胁。按照美国疾病预防控制中心发布的数据，目前美国自闭症的发病比例是 1∶59，即每 59 个人当中就有 1 个人被诊断为自闭症，而我国的推断数据大概是 1%，并推断 14 岁以下的孤独症青少年大概有 200 万人，而成年孤独症患者人数不少于 300 万；全世界抑郁症患者达 3.5 亿人，预计到 2020 年，抑郁症将成为仅次于心脑血管病的人类第二大疾病。北大六院黄悦勤教授 2016 年在中国康宁精神医学国际论坛上做过一场题为“中国抑郁症流行病学和疾病负担”的报告，通过这项覆盖全国 31 个省份、超过 30 000 人取样的调查他发现，在中国，抑郁症的终生患病率已超过 3%。

精神关怀是润物细无声的，看不到价格，却比任何东西都能够让人感觉到价值与温情。基于我们的精神现状，我们要赋予我们的产品或服务一些精神价值，必须沉下心来对产品或服务进行打造、包装。

以前的消费多是为了满足生存需要，当今时代，人们都想找到自己的方向，证明自己与众不同的价值，消费便成了证明自己“存在”的行为，如果你的产品能帮助人们“存在”于这个时代中，赋予其彰显个性的标签，就是一个好的卖点。

卡耐基的《人性的弱点》是一部畅销多年的经典，我们可以通过学习人性的弱点，更全面地看待人性，并站在营销的角度，思考如何利用人性的弱点，在不违反道德与法律的前提下，实现营销目标。

一、七宗罪背后的营销答案

七宗罪，原指天主教提出的七个罪过。“宗”为来源、根源的意思。我们先来对它们做一个简单的认识：

1. 淫欲（Lust）

“食、色，性也”，色、欲是人类发展繁殖的基础和动力，同时也是营销的法宝，是除了吃喝拉撒之外，贯穿人整个生命的生理需求，是大量产品或服务走进用户视野的通行证，也是社会进步的重要推动力量。

所有的网络社交工具与平台，都在某种程度上借助色、欲而崛起，“表白是小孩子的事，成人之间更多的是诱惑”。每个人都有一颗“偷窥”的心，“偷窥”这个世界上不同人的酒色财气。

2. 贪食（Gluttony）

贪食，用一句中国俗话来描述比较贴切：吃着碗里的，看着锅里的。

《舌尖上的中国》是中央电视台出品的一部现象级纪录片，虽然第三季被网友吐槽商家过度包装，但我们不妨来看看《舌尖上的中国》第二季上映后的一些商家数据：挂面张爷爷，被西贝斥资 600 万元买断；买买提切糕狂销 6 000 单，注册公司开网店，日进账超 7.5 万元；上海本帮菜制作者李伯荣揽金 324 万元；重庆晓宇火锅店数日进账 200 万元……人们争先恐后甚至千里迢迢去“尝鲜”，当然不是因为肚子饿，太多人给自己挂着“吃货”的头衔，生怕错过任何美食。

不想错过美食的后果，就是身体与健康的错过。如今中国人的肥胖指数已经跃居全球第一，2017 年中国疾病预防控制中心公布的数据显示，肥胖人群占总人口的比例已经达到 12%。食物的诱惑无处不在，冲动挡不住，身体遭殃就是放纵贪食的后果。你要说肥胖不是一路吃出来的，我肯定是不信的。

3. 贪婪（Greed）

欲望填不满，这是大多数人的通病。贪不劳而获，贪小便宜，人们都想做花最小的成本获得最大收益的事情，做每件事之前首先想到的，都是这件事能够给自己带来什么样的利益，基本出发点都是利益、利我。

网络营销活动，普遍都是利用人们的贪婪心理在推动，如团购、1 元购、秒杀、送红包、折扣券、有条件免单、买赠、抽奖、大额消费分期送礼品、砍价等。克服不了对利我的执着，这些诱惑只会一步步助长人们的贪念。

4. 懒惰（Sloth）

懒惰主要表现为心理上的一种厌倦情绪，它麻木你的思想，约束你的行为，让你变得只想去做简单而不用思考或不费力的事，或者不想去做事，只想休息、享受。这样无所事事的懒惰也衍生出另一种表现：无聊。

随着人工智能的发展，人们越来越崇尚自由职业，空闲时间也越来越多，工作以外的休息时间增加，懒惰的机会也就增多。人类是一种奇怪又矫情的生物，喜欢懒惰的舒适、安逸但又受不了懒惰带来的无聊。为排遣无聊，人们会去找好玩的事物消磨时间，发展自己的兴趣，寻找各种各样的社交活动。基于排遣无聊这个需求，互联网产品首选是社交工具和游戏。

节奏快、好玩、易沉迷的特性，让游戏成为互联网上最赚钱的产品之一。游戏帮助盛大陈天桥一度登顶中国首富，让网易这样的传统门户网站成为最赚钱的游戏公司，让腾讯称霸港股成为市值最高的公司，游戏收入一度占其总收入近 60%。

大量打发无聊的网络段子、基于兴趣的社交网站、社交 App 层出不穷，基于搜索兴趣关键词形成的百度贴吧，基于文艺兴趣交流的豆瓣，单纯为打发无聊而做的各类轻社交产品，都是在帮助人们充分打发无聊时间，并将打发无聊做成一门大生意。

5. 愤怒（Wrath）

愤怒是因愿望不能实现，或因行动受到挫折而引起的一种紧张、不愉快的情绪，也指对社会现象及他人遭遇甚至与自己无关事项的反感，或义愤填膺。

对营销活动来说，需要“同情”并安抚有愤怒情绪的用户，让他们借助产品或服务，转向积极、正面的生活方式，对美好生活有更多的追求，从而实现长线营销。

6. 嫉妒（Envy）

嫉妒指怨恨他人拥有优势或者优越地位的一种心理状态，打个通俗的比方就是，你的某某东西比我的好，或者你有我没有，让我感到不开心。

人比人，气死人。人与人之间的各种不平等，极易造成人性心理上的失衡。女人争奇斗艳、男人争强好胜、儿童攀比各自的玩具等行为，都缘于人们看见比自己更好的事物产生的心理不平衡。我们的营销不是要去激活这种嫉妒心理，而是只需善意地提醒用户，他们有更多不错的选择，有更好的展现自我的方式。

7. 傲慢 (Pride)

傲慢是一种自高自大、目空一切的精神状态，经常表现为看不起别人、对别人不尊重。虚荣是指表面上的光彩、荣耀，是对自身的外表、学识或成就表现出的妄自尊大。

虚荣和傲慢的本质区别在于：傲慢的人打心底里认为自己拥有

某种相对于他人的优势，而表现出对他人的不屑，不在乎别人的看法；而虚荣的人对自己并不自信，所以刻意给他人营造一种自己很有优势的印象，而且非常重视他人对自己的看法、评价。

虚荣带来的自我满足感，强大到超乎我们想象。激励人们默默奋斗几十年的，可能只是虚荣；引人犯罪的，可能也只是虚荣。虚荣是人们刻意营造的引起他人羡慕的表象，并且通过这个表象获得优越感和快乐，这个表象不是真实的；从营销层面来说，基于人人都有这一特点，虚荣是可以被产品或服务包装的。知名营销人叶茂中说过这样一个观点：虚荣有多大，市场就有多大。

二、七情六欲是一份人生试卷

七情六欲是中国古人对人性的基本需求与心理反应的描述。七情按儒家的说法是指喜、怒、哀、惧、爱、恶、欲，六欲按《吕氏春秋》的说法，指由生、死、耳、目、口、鼻所生的欲望。

每个人都充满欲望地活着，这是人类社会普遍具有的共同特征。充分了解这些欲望和情绪，对营销而言不只是锦上添花，更可能是雪中送炭。理解了用户的欲望和情绪，才能对目标用户群体有充分的认知，自己的产品或服务才能与用户距离更近。

情感营销就是一个基于七情六欲的营销手段，并大量用于品牌传播中，它从用户的个人情感需要出发，唤醒用户的情感需求，引导用户产生心灵上的共鸣，寓营销于情感中，让有情的营销赢得无情的商业竞争。尤其在社会物质丰富人们却精神空虚的当下，用户购买产品或服务时最看重的不再只是产品或服务的质量等级与价钱高低，而更多的是为了得到感情上的满足和心理上的认同。

情感营销让用户感知产品或服务的价值，让用户感受到恐惧、内疚、喜悦、信任、归属感或是嫉妒等情绪，用户情绪一旦被驱动起来，对品牌的认同感就会成倍增加，购买行为就大概率会随之发生。阿迪达斯、可口可乐、苹果等大公司，早已掌握并能熟练运用让用户感知到品牌，并与用户进行情感连接的艺术。这些公司通过宣传广告和营销故事建立情绪触点，做用户的忠诚度营销，实现品牌的宣传，从而达到口碑与销量的增长。

上班族每天都要面对拥挤不堪的公交与地铁，排长队等候的电梯，压力超大的办公室氛围；他们每天有 45% 的时间在上班和途中度过，35% 的时间用来睡觉，仅剩下 20% 的时间可以用来自由支配。营销制造的每一个让上班族感同身受的场景都可以激活他们内心的情绪，而这些情绪，能够帮助我们收获用户，占领市场。

三、人性的其他弱点

在对七宗罪和七情六欲有一个初步了解后，我们不妨再来多了解人类的其他几种特性，从而帮助我们更有针对性地开展营销活动。

1. 好奇

好奇心理让人有窥探别人隐私的冲动，并试图与身边的伙伴分享。利用用户的好奇心理，常常可以帮助我们解决产品或服务在第一次面对用户时的呈现问题。苹果手机每次在发布新机前的几个月就开始进行各种“泄密”，引起人们的好奇心，进而使人们关注有关新产品的一举一动。匿名社交软件近年开始兴起，职场社交 App 脉脉就专门开辟匿名板块供职场人士分享逸事，一度成为其社区上最活跃的板块。

2. 恶搞

恶搞是很多人排解寂寞无聊与心理落差的方式。在网络上随处可见恶搞图片、恶搞段子、恶搞视频等内容，并催生了一批社区网站和 App，如糗事百科、百思不得姐等。但“内涵段子”的关停让我们明白，恶搞终究只是娱乐的一种方式，不可能成为主流。

3. 吐槽

吐槽就是通过各种网络渠道倾诉自己的情绪，表达自己的感受，寻找渠道将自己的焦虑、恐惧、厌恶等负面情绪投射到别人身上（大多数人容易将一些负面的情绪推脱到他人身上而不认为是自己的问题）。吐槽缘于不接受自己，往往会带来大量的负面情绪，成为一股不受欢迎的负能量。

4. 厌恶选择

很多人有选择困难症，在面对有多项选择的事物时会表现出不自信和逃避心理，缺乏自立意识，害怕失败。商家经常瞄准这些用户，在开展产品或服务广告宣传时利用人们的这种心理，“干什么就用 ×××”“困了累了喝 ×××”的广告语既是品牌定位，又是帮助用户做选择的绝佳导向。

5. 从众

从众状态又分为几种不同的类型：

（1）主动式的从众。即迎合、讨好他人，或自己不想做决策，如围观、起哄、跟随等。

（2）弱被动式的从众。你有，我也可以有，如后文提到的微博平台的苹果手机标签。

（3）强被动式的从众。即被组织要求必须做同样的行为，这一状态多存在于各种集体、团队、军队中。

6. 炫耀

基于“人有我也有”“人无我有，人有我优”的心理和融入社群的需要，或为了彰显优越感，炫耀自己的努力、上进等状态以获得某种荣誉或认同。

在营销活动开展前，我们先从人性的弱点出发，探讨“他为什么会有这样的行为”“他能代表哪些群体”等问题，找到这些问题的答案，就能更好地了解人们更深层次的需求，从而针对人们的弱点开展更有效的营销。

你必须抓住的营销新思维

由阿里、腾讯与汉朔科技等互联网企业联合推动的新零售风潮，依托互联网，借助大数据、物联网、人工智能等先进技术手段，对产品的生产、流通与销售过程进行升级改造，进而重塑业态结构与生态圈，并对线上服务、线下体验及现代物流进行深度融合。在可预见的未来，传统零售业态和互联网终将不再区分，用户可以忽视线上线下的区分，购物时只需要考虑如何更方便。

互联网正在冲击并改造传统商业的方方面面，前些年，一些原来做线下实体店的商户赶着 O2O（Online to Offline，线上到线下）热潮开了网店，借助线上营销渠道做销售，这一生态我们称为“+互联网”，但在一段时间后大多销声匿迹。而今大量互联网企业借助互联网思维，反扑下沉到线下实体中来，虽然看上去还是O2O，但这一次来的是“互联网+”，是基于互联网用户思维和对传统企业客户思维的改造，是一次意义深远的新浪潮。

在未来，你将很难清楚地界定一个企业究竟是传统公司还是互联网公司。不管潮流如何变化，用户的需求本身并不会发生变化，但用户获取产品或服务的方式的确是越来越互联网化了。

我们面对的将是越来越难以捉摸的用户，如何才能更有针对性地开展营销，并获得用户的青睐呢？我们可以先从拓展营销思维入手，关注几种值得注意的营销新思维。

一、网络用户思维

中国互联网络信息中心于2018年1月31日发布的第41次《中国互联网络发展状况统计报告》显示，截至2017年12月，我国网民规模达7.72亿，普及率达到55.8%，超过全球平均水平（51.7%）4.1个百分点，超过亚洲平均水平（46.7%）9.1个百分点。

传统企业在互联网大潮面前受到强烈冲击，业务和市场急剧萎缩，最核心的原因是自身布局和发展跟不上市场和消费者身份的变化。以往的“消费者”单指购买产品的人，只有发生消费行为才是消费者，而网络把所有人都当作有消费意向的用户，每个人都是潜在的消费达成的一个关键节点。基于这一点，传统企业迫切需要更新认知，重新认识用户。

微信群开始火爆的时候，大量微商广建微信群，通过微信群、私聊、朋友圈等各种渠道狂轰滥炸式地发布推广内容，吃了不少红利。但正是因为其粗暴的推送方式，微信陆续推出各种举报和封号机制，限制了这一严重骚扰用户的营销方式。

虽然本身并不值得提倡而且让人反感，但轰炸式推广至少有一点是值得我们借鉴的，那就是所有的社交 ID 都可能是我们的潜在用户，我们需要用心去吸引用户、了解用户并经营用户。

第一，要以用户为中心。再次强调一点，用户不只是购买产品或服务的消费者，还可以是产品或服务的潜在使用者和消费节点。哪怕你的用户是个没有自主消费能力的孩子，但只要他想要，自然会有别的用户——他的家长为他买单；而且用户对你产品或服务的每一次关注与分享都可能带动新的潜在用户成为购买你产品或服务的客户。

在商业价值链中，离用户越近，对用户需求越清楚，对产品链的控制能力就越强，这要求我们首先找到目标用户群体主要活动的网络平台与社群，并与之建立关系。

第二，找到与用户产生互动的方式。企业开通官方微博、微信公众号、头条号、知乎企业号、抖音企业号后，都会向账户运营人员定下 KPI（关键绩效指标），粉丝的增长数据是考核指标中非常重要的一项。运营账号数目是有限且固定的，但潜在用户却是数量众多且无处不在的，这就要求我们着力斟选几个重点平台集中精力运营。自媒体人在与用户互动上的成功是值得企业学习的。他们一般会有如下操作：

（1）在多个自媒体平台开通统一的、具有个人品牌标识的账户，针对平台特点，以不同的方式发布相关内容。当下活跃的自媒体平台豆瓣、微博、微信公众号、抖音、知乎等，目标用户群体在哪里，他们就把账号开到哪里去，并且在相应的平台努力挖掘重点粉丝进行互动。

（2）建立 QQ 群、微信群等个人主导的交流阵地，管理把控交流主题，第一时间与核心粉丝群体互动。各路网红和科技媒体的互联网大 V 们会在各个社交平台建立自己的社交账户，但因账号过多、管理麻烦等原因，在这些平台上的沟通效率相对低下，QQ 群和微信群就成为他们的首选。

（3）线上线下互动，增强社群用户群体的归属感，培养种子用户与传播扩散重要节点。

以企业为主体建立的社群，最好有企业高层管理人员参与，并且所有展露于网络社交上的人员层级都应该扁平化，这样才能让用户有优越感并乐于参与进来。目前有部分企业在与用户建立有效互动上做得相当出色，如创业黑马、得到 App 的几十个微信群等都是管理得非常棒的用户社群，都为其企业直接或间接地带来巨大的收益。

第三，站在用户角度思考用户需求。用用户的语言表述用户关注的观点，帮助用户进行思考和判断，让用户能快速获取自己所需，找到认同，这是互联网特有的魅力。当下的用户们已经“懒”得描述自己，更愿意让他人在公众平台上帮自己表达，或借助于外部事物进行表达。2012年，江小白推出了红遍网络的新产品“语录瓶”。随后跟进推出的可口可乐昵称瓶、味全每日C对白瓶，以及江小白升级的“表达瓶”等，用朴素的语言表达出大多数人藏在心内的情感，成为充分把握互联网用户思维的营销经典案例，收获了无数关注与赞誉。

站在用户的角度去思考，并不是代替用户去决策，而是以用户的角度去感知产品或服务能带给自身怎样的体验。互联网是目前能够如此与用户接近并感知用户所思成本最低的渠道，作为营销从业者，我们要充分认识并利用好这一点。

二、“互联网”思维

“互联网思维”是2013年的年度热词，百度CEO李彦宏在当时对这一概念做了一番精准的解读：“可能你做的事情不是互联网，但你的思维方式要逐渐像互联网的方式去想问题。”

互联网不仅是我们生活和工作的辅助工具，还给我们带来一种区别于以往的思维方式。如果仅仅把互联网当成宣传和交易渠道，难免会认为互联网没有什么用。“互联网+”和“+互联网”的区别在于：“互联网+”是以互联网用户为中心，帮助传统企业增值的一种拥抱潜在目标用户群体的开放思维，与用户充分融合、共建并满足用户需求的意识，以用户为导向，通过优化生产要素、更新业务体系、重构商业模式等途径完成传统企业的转型和升级；而“+互联网”只是增加了一个或多个所谓的网络宣传与销售变现渠道，以产品为导向拓展用户。

传统营销思维经常拿目标和决心来替代策略，让用户接受更多卖点信息，向用户推送大量的内容，最后的结果可能是用户一个信息都没接收到，因为“我”不喜欢，用户有选择权，并且决策时间可能都不到5秒钟。倒是那些跟用户友好互动、传递趣味、不强塞广告的内容受到用户欢迎，放弃对用户强制控制反而更能赢得用户群体的主动支持。互联网带来的用户行为转变之一，就是迫使用户从被动选择转向主动选择。在只能被动选择的时代，用户视野相对固定，环境变化也小，商家行为决策也相对简单，谁能控制商品流通渠道，谁就能左右用户的选择。进入互联网信息时代后，互联网将一切变得透明，商品种类更加丰富，进入了“我买什么取决于我喜欢什么”的主动选择阶段。

互联网的角度，简单来说就是“互联网+传统行业”，基于互联网谈产品或服务，让互联网成为创新产品与服务的新载体。“互联网+”用互联网用户的思维方式来解决用户需求及实现跟传统营销的融合，比如，品牌如何人格化，如何做好产品和品牌的体验，如何在营销中加入情感或情怀元素，以得到更多用户的认同等。

三、众筹营销思维

“众筹”这一概念，最初有点“中国合伙人”的性质，即大家共同出资组建一个项目；而今众筹逐步变成了一种新的营销方式，即 C2B（Customer to Business，消费者到企业）：产品或服务按众筹的资金结构来设计生产，然后将产品或服务按众筹额度回报参与众筹的用户，在众筹设计时不再置入股权分红，即参与众筹的人只享受产品或服务回报。众筹，成为一种典型的 C2B 实践。

以前人们习惯去实体店买东西，现在可以坐在家里用手机下单；以前要去特定场所办理事项，现在可以在手机上走流程；以前做宣传都是靠电视广告 + 明星代言才能产生影响力，现在社交 + 电商的组合即可实现销售；以前更注重 to B，需要将重心放在铺货、促销上，而现在更注重 to C，流程一般是先预热，再预订（众筹），然后按订单生产、发货，最终完成交易。

2013 年，中国式众筹领军人物杨勇通过众筹开设北大 1898 咖啡馆；2014 年，小米联合创始人黎万强著述《参与感》，揭开小米 4 年 600 亿元奇迹背后的理念、方法；海尔卫玺 V3 系列智能马桶盖于 2016 年 5 月 5 日在京东进行众筹，短短一个月时间里，众筹金额便达 2 181 821 元，超额 218% 完成众筹目标，支持的粉丝超过 4 000 多人，刷新了京东同类产品的众筹纪录，这 4 000 多位用户，成为海尔卫玺 V3 的首批种子用户，并自动成为其产品推广的代言人。

这类创业者引领的互联网众筹思维，正被越来越多的企业应用到智慧众筹、资金众筹、营销众筹等方面，尤其是小米现象的背后，是对互联网时代人类信息组织结构巨变的深刻感知与应用。

经过多年的市场洗礼，传统企业也在全面拥抱互联网，许多互联网营销人才不断流入传统企业，给传统企业注入全新的互联网思维。对深耕产品或服务时间更长的传统企业来说，有了互联网思维人才的加入，在拥抱互联网的浪潮中，自身会有更强的竞争优势。

四、网络口碑就是答案营销

口碑营销是企业在事先调查市场需求后，为消费者提供他们所需的产品或服务，并制订一定的口碑推广计划，让消费者主动介绍和推广产品或服务，让人们通过口碑了解产品或服务、树立品牌形象，最终达到企业销售产品和提供服务的目的，其具有宣传费用低、可信度高、针对性强等优点。

网络口碑是指用户通过点评、论坛、博客、微博、视频、社交等网络渠道和其他用户分享对公司、品牌、产品或服务的评价，这些评价的传播会影响到这个公司、品牌、产品及服务的信誉，从而对其经营造成正面或负面的影响。企业通过网络口碑向用户呈现基于用户需求场景、经过系统规划的答案，解决用户对产品或服务的认知与求证，最终构成营销。

“现代营销学之父”菲利普·科特勒将21世纪的口碑传播定

义为口碑是由生产者以外的个人通过明示或暗示的方法，不经过第三方处理、加工，传递关于某一特定或某一种类的产品、品牌、厂商、销售者，以及能够使人联想到上述对象的任何组织或个人信息，从而导致受众获得信息、改变态度，甚至影响购买行为的一种双向互动的传播行为。关于口碑和推销的区别，我们可以打一个比方：

男方对女方说，他是名牌大学热门专业毕业，年薪 50 万元，不酗酒不抽烟不逛夜店，爱看书，有房有车有存款——这是推销。女方准备去相亲，向男方的同事打听对方的情报，同事说，这个 ××× 啊可真不错，工作踏实生活作风好，重情义有担当……你是替谁来帮他谈对象吗？要谈赶紧的，人家这么优秀一个男生随时会被别的女孩搞定——这是口碑。

网络口碑所传递的信息常常都是影响用户购买行为之前的参考信息，或是求证信息，是用户想要看到的参考答案，这个答案常能影响并决定用户的购买行为。基于此，各大电商平台的商品详情页一般会针对产品的各种卖点与功能写几段文字或配几张图片。为了进一步说明产品的功效与受欢迎的程度，许多商家还会做视频讲解和产品实测，在产品详情页放置很多用户好评的口碑截图来增加用户的信任感。

自从电商平台出现，就一直伴随着所谓的“刷单”与“刷好评”，影视剧刷点击播放数据刷弹幕，微博刷阅读量刷点赞量刷评论数，连很多知名微信公众号文章都在刷“100000+”与点赞。孰是孰非，一言难尽，因为每个人所处的立场不一样，但可以肯定的是，这些评论与数据可以带来流量，成为购买的催化剂，是显而易见能够带来生意的口碑。

口碑也是答案营销的重要构成之一，解决用户在购买前的听说、兴趣和求证的各类问题。基于移动社交的口碑更强调互动性，互动性在某种程度上重塑了一个企业与品牌的人格化。经过合理的问答规划，贴合用户需求场景的口碑更有亲和力，更容易获得用户认可，形成自发的传播。重要的一点是，以口碑为主的答案，在传播过程中具有灵活的自主性与可控性，可以弥补自然口碑的缺失与片面性。

五、一些网络营销概念

传统的营销手段如广告、促销、公关等一直在发挥巨大作用，但在网络上，更丰富的营销手段正不断创造新的营销奇迹。在此列举几个常见的网络营销概念。

SEO（搜索引擎优化）：英文全称 Search Engine Optimization，是利用搜索引擎的搜索规则来提高网站在搜索引擎内的自然排名的方式。SEO 是为网站提供生态式的自我营销解决方案的，让网站在相应关键词上占据搜索结果的领先地位，从而获得品牌收益。SEO 包含站外 SEO 和站内 SEO 两方面。为了从搜索引擎中获得更多的免费流量，需要从网站结构、内容建设方案、用户互动传播、页面等角度进行合理规划，使网站更适合搜索引擎的索引原则。SEO 大多用在网站二级目录、某个专题页面等。

SEM（搜索引擎营销）：英文全称 Search Engine Marketing，目的是让用户发现信息，并进入网页进一步了解需要的信息。企业通过搜索引擎付费推广，让用户可以直接与公司客服进行交流沟通，实现交易。搜索引擎和结果界面中被标示为“广告”的均是 SEM 竞价排名广告。

EDM（邮件营销）：英文全称 Email Direct Marketing，是利用电子邮件与受众客户进行商业交流的一种直销方式。邮件营销对于企业的价值主要体现在三个方面：开拓新客户、维护老客户及品牌建设。

博客营销：博客相当于 PC 互联网时期的公众号或自媒体账号，我们可以通过博客网站或博客论坛接触博客作者和浏览者。博客营销是利用博客作者个人的知识、兴趣和生活体验等传播商品信息的营销活动。博客如今依然有一定的魅力，是一个泛存于公共网络平台的信息源点，有博客中一般都可以设置图文链接到外部站点，并且极易被搜索引擎记录，成为站外 SEO 的重要据点。

网盟广告：网盟就是网站的广告联盟，是精准投放广告的一种，主要形式是把网站或商品链接挂到相应的行业网站上，在用户浏览信息时获得曝光与点击。主流呈现类型为以文字或图片形式出现在网站下文内容的上、右、下等边侧，有按点击收费和按展示付费等模式。凡客、淘宝起步初期都是网盟广告的受益者，如今几大电商依旧长期占领各大网盟广告位。

软文营销：指通过特定的概念诉求，以摆事实讲道理的方式使消费者走进企业设定的“思维圈”，以强有力的针对性心理攻击，迅速实现产品销售的文字模式和口头传播，新闻、第三方评论、访谈、采访、口碑等均是软文植入的场景。

事件营销：指企业通过策划、组织和利用具有新闻价值、社会影响及名人效应的人物或事件，吸引媒体、社会团体和用户的关注，以求提升企业或产品的知名度，树立良好品牌形象，最终促成产品或服务销售目的的手段和方式。简单地说，事件营销就是把握新闻的规律，制造具有新闻价值的事件，并通过加工操作让新闻事件得以传播，从而达到广告效果。事件营销是近年来国内外非常流行的公关传播与市场推广手段，集新闻效应、广告效应、公共关系、形象传播、客户关系于一体，为新产品推介、品牌展示创造了机会。社会事件极易成为热门话题，它们经常会被再加工，聚焦点由事件转向话题，以达到更广泛的传播。事件的策划遵循新闻传播中“平常人的非常事、非常人的平常事、非常人的非常事”等规律，即“我们不一样”，以此带动更多围观、评论、争议和扩散。

微博营销：通过微博平台为商家、个人创造价值而执行的一种营销方式，也指商家或个人通过微博平台发现并满足用户需求的商业行为方式。微博营销以微博为平台，每一个“粉丝”都成为其潜在的营销对象，企业利用更新自己的微博或者借助 KOL 向用户传播企业和产品信息，树立良好的企业形象和产品形象，达到营销的目的。

微信营销：伴随着微信的火热而兴起的一种网络营销方式。用户注册微信后，可与朋友圈和现实中的朋友形成一种联系，互相关注彼此发布的动态；商家通过公众号提供用户需要的信息，推广自己的产品，从而实现点对点的营销。除了公众号，微信群、朋友圈、小程序分享也成了微信的营销渠道。

各种营销方式的侧重点不一样，方式方法不一样，收效也会不一样。学习不同的营销方式，不是要你摒弃传统的有效营销方式，而是让你更多地考虑互联网和基于互联网用户群体特性、用户话语权的改变，从互联网的思维角度思考能够带来更长效、更大范围影响力的营销方式。

在开展网络营销时，还要避免被带入以下误区：

误区 1：生搬硬套别人的营销方式。做 SEO 时唯收录是从，为满足搜索引擎收录而大量堆砌关键词，让相同的内容重复地发布在各种平台上，忽略优质内容的呈现。SEM 固然重要，但当用户打开内容时，如果没有合理布局的专题页面，简洁而抓人眼球的内容便利的咨询、联系方式，用户的流失率就会相当高。不深入了解其他品牌如何在搜索引擎上开展营销活动、背后都做了哪些工作，只在表面上看到别人怎么做就跟着怎么做，结果只会是肉包子打狗——有去无回。

误区2：没有做好内容转化。打着网络营销的旗号，以提高大量核心关键词与长尾关键词的曝光、收录为标准，没有沉下来做符合品牌调性的内容与销售转化，大量营销内容成为网络垃圾信息，对品牌形象起不到任何正面作用，这些垃圾信息又反过来在自身有需要发起营销活动时，覆盖和屏蔽自然的搜索结果，从而影响后续活动的营销转化。

误区3：没有集中优势做营销。适合企业产品或服务的营销方式有很多，但一些人经常在没有做好基于自身产品的优劣势分析、目标用户群体的数据分析等工作的情况下，就盲目地在各社交平台撒网式发布营销信息，重点目标用户群体却一个也没能照顾过来。

误区4：过于依赖某一场营销活动。把过多的营销精力投入不熟悉的平台或者跟平台合作度不高的营销资源上，在营销环节没有备选方案的情况下，对特定营销手段过分迷信。营销是一个贯穿产品生命全过程的市场行为，每一次营销活动都可能成为影响更广泛用户群体的关键节点，因而不必过于依赖某一场营销活动。

误区5：以信息曝光来掩盖其他问题。几乎所有的网络平台都存在KPI造假的现象，即使平台方不允许，第三方也有足够多的对策来制造诸如曝光人数、点赞、阅读 / 浏览、评论等 KPI，主流的大平台还能够上淘宝直接购买 KPI。

还有很多没有提到但同样需要我们注意的误区，都在提醒我们，在开展营销活动前要做好更多预案。

答案营销与内容营销有何不同

一、产品背后是内容，营销背后是答案

广告内容比其他形式的内容更直观，我们先来挑两个广告语简析一下。

“你没事吧？你没事吧？你没事吧？……没事就吃溜溜梅！”杨幂代言的溜溜梅广告被不少人吐槽，却无法避免被洗脑。该广告的作用是要能占领用户打发无聊时间的零食选项，溜溜梅做到了，并且在相当长的一段时间里，各种超市货架上面的溜溜梅系列产品销售都非常可观，成为不少白领的零食必选。

“挖掘机学校哪家强，中国山东找蓝翔。”一所专业技能培训

学校的简洁广告语，短短 15 个字就包含了所有重要的关键信息：学校名称、专业、地理位置及专业的强势。

人们每天那么多时间消耗在网络上，对个人而言消费的是时间，对提供产品或服务的商家来说，用户在网络上消费的所有都是他们提供的内容，基于这一现实，内容营销的说法便应运而生。

内容营销主要指以图片、文字、视频、动画等介质传达有关企业的相关产品或服务的内容给客户，通过合理的内容创建、发布及传播，向用户传递有价值的信息，从而实现网络营销的目的。所依附的载体可以是企业的 Logo、宣传画册、网站、广告，乃至 T 恤、纸杯、手提袋等，根据不同的载体，传递的介质各有不同，但是内容的核心是一致的。内容营销除了借助企业自媒体与外部渠道输出内容，更重要的作用是带动营销。

内容营销的火爆跟近几年全球制造业不景气有关，也跟传统企业拥抱互联网有关。在营销预算大幅缩减的情况下，企业要想保持原有的传播效果，必须寻找更长效的营销手段。随着企业自媒体的大量涌现，企业微博、微信公众号及抖音、知乎等内容输出平台成为众多企业的首选，维持这些自媒体的日常活跃度就需要大量的内容，内容营销因此成为众多企业的必选项。

凡客体、聚美优品为自己代言、阿里钉钉系列地铁广告文案、知乎系列知识广告文案、江小白语录瓶等，都是以一系列与用户的工作和生活吻合的场景内容来表达卖点诉求，获得广泛的社群认同与用户间传播的案例。

随着媒介生态的变化，流量成为各大小企业和品牌的生命线。由于超级 App 带来的流量寡头化现象越来越严重，传统营销的“烧钱买流量”模式越来越难以为继。美国内容营销协会（Content Marketing Institute，缩写 CMI）的调研数据表明：一方面，有 93% 的机构都表示他们依靠内容营销来塑造品牌和挖掘需求；另一方面，87% 的消费者宣称线上内容对他们的购买决定有着极大的影响力。

内容不是新生事物，国内自媒体风生水起，大量优秀的媒体人与内容作者都开始自己做内容运营，并有不少内容创业者获得资本青睐，但企业相关的内容营销人才却非常缺乏。2011 年到 2015 年，全球最大招聘信息搜索引擎 Indeed 上，包含“内容市场营销”或“内容策略”的招聘职位数量增长了大约 350%，2012 年前程无忧发布的《中国互联网营销职业发展白皮书》曾预计 2013—2016 年互联网营销岗位企业的年需求量将平均保持 35% 左右的增长率，年净增岗位需求数量平均为 35 万 ~ 40 万。实际情况是，近几年来数百万家传统企业都建立了自己的网络运营部门，内容营销人才的需求数比预计数值增长更快。

传统的内容营销做法经常是海量发布植入产品信息关键词与链接的软文，散布在新闻门户、垂直网站、论坛社区等网络平台，依靠搜索引擎的收录而获得被搜索的更多结果（相当于站外 SEO），通过呈现的内容引导用户决策购买。大家以往看到的大量内容营销依然是告知，是企业在自我表达，用户被动接收。但是，现在的内容营销，开始有了越来越多的趣味性与故事性。

做内容营销时要记住的一点是，表达时最核心的关注点应该是产品或服务本身。如果你写出一篇优美的故事，或者拍了一个非常受欢迎的短视频，获得了大量的点赞或关注，但用户（读者）根本无法联系到你的产品或服务上来，那只能算一个好的内容，而算不上一个好的营销内容。好的营销内容，必定在内容的关键节点上有一个无可取代的产品因素，这个产品因素可以是内容表达的起因，可以是故事转折点，可以是追寻的结果。要让产品或服务的某个诉求与内容高度吻合，即场景关联，成为该场景中某个瞬间的必需要素。

网络营销短视频目前受到大量企业的青睐，营销短视频创意（内容）需要做大量有关企业品牌理念与产品核心功能诉求及整体营销策略的相关工作，才能更好地向用户输出内容又能关联品牌。

大三湘茶油的营销视频策划案例，就是一个将产品植入内容，让用户记住的典范。

大三湘的视频策划，要突出宣传的主体是大三湘山茶油（油茶籽油），主卖点为“健康品质生活”，辅卖点为“功能性”，衍生卖点为“情感”，着力点为“传统孝文化”。需要制作一部时长约 3 分钟的软性广告片，即文化宣传片。

经过前期调研及沟通，大三湘的短视频创意确定了“由‘感’

至‘恩’”的主基调和“子欲养而亲不待”的辅基调。比起大三湘的思路，其他广告创意没有搞清楚的一点是，“感恩”并非简单的知恩图报行为，因此你会看到这些广告里呈现出皮笑肉不笑的虚情假意和令人肉麻的空洞口号，无法触动人心。感，不是感动，也非感知，而是感悟——之前不明白，但现在明白了，父母的爱何其宝贵。从“不明白”到“明白”的过程，才是最大的看点，没有这个过程，人不会共鸣。感悟是一种丰富的心理活动，是情绪的累积与成长的过程。感动你就哭一下，感知你就明白了，感悟则必须去分析人的基本动机，才会促使自己去做些什么，以弥补心理的缺失。所以，这个视频的目的是要人去“悟”，而不是教人去哭。这一定位符合目标受众群的认知习惯。

产品要能触动用户内心那根脆弱的弦，让用户有意识地进行一些增进亲情的行为。这种行为，可以是“回家看看”，可以是“帮爸爸捶捶后背给妈妈揉揉肩”，可以是买东西，也可以是给钱。当大三湘茶油的短视频创意在这点上适时切入，与“感恩父母”在用户的思想意识上形成链接的时候，回报的价值就会逐步体现。

大三湘短视频的主线是：不明白—误解—明白—理解—心疼—知恩—回报。这条主线便是该宣传片故事与情绪的创作节点，每个节点都要敲上鲜明的印记，形成大三湘的独特标签，即危机感。

没有这个悬在心头的炸弹，就无法形成必需的压力，“你爸妈没多少时间了你再想报答就来不及了”，这个调子一定要有。但不能为用户提供解决方案，如你买茶油父母就健康了，就多活多少年之类，那就废功了，我们要呈现在视频里的是：天下父母都不易，做茶油的父母更不易。把这点融进去，就赢了。以后但凡认同此价值观的人，想起父母不易，莫名其妙地就想起做茶油的父母更不易，为什么如此用户也不清楚，反正你的产品就这样占领了用户的大脑。

下面再来看辅基调。辅基调是：没有危机—有危机—没有危机—有危机—危机增加—危机成为威慑。这与主基调是相对应的，两条线并行，一明一暗，大三湘的宣传片内涵便丰富了许多。最终呈现的广告片也大获成功。

在大三湘这个短视频策划中，受众的情绪随着故事发展推进，最后以回报父母养育恩情的具体方式跟产品本身发生密切关联，传递的内容强调了两个方向。

一是产品即内容。从营销传播角度来说，你的产品或服务才是内容的核心，不能与产品或服务密切关联的内容，仅仅是为做内容而做内容罢了。视频策划的产品或服务要素要贯穿始终，能够与情感诉求紧密相关。

二是营销即对话场景。说到底，如果你的任何产品或服务，无法在特定的场景中跟你的用户们发生互动，就没有足够多让他们选择你的产品或服务的理由。只有与用户建立了对话场景互动，用户才会感同身受，才会成为你的忠实受众，认同你的产品或服务所赋予的价值观与身份认同。这些价值观与身份认同的影响力本身就是用户自我价值的一种认同和体现，产品或服务只是刚好借这些内容激活了用户的自我认同，这是内容营销的核心。

目前，内容营销的势头越来越猛，商家在开展内容营销之前就要想明白的事情是，什么阶段用什么样的内容去开展，用什么样的方式去开展，毕竟内容营销不能像促销一样追求短平快，它的回报周期会相应地拉得更长。

二、答案营销与内容营销有什么不同

很多人都知道多米诺骨牌效应。多米诺骨牌是用一种木制或塑料制成的长方形骨牌，玩时将骨牌按一定间距排列成行，轻轻碰倒第一枚骨牌，其余的骨牌就会产生连锁反应，依次倒下。多米诺骨牌效应就是指在一个相互联系的系统中，一个很小的初始能量就可能产生一系列的连锁反应。

内容营销就具有非常明显的多米诺骨牌效应（见图 2）。

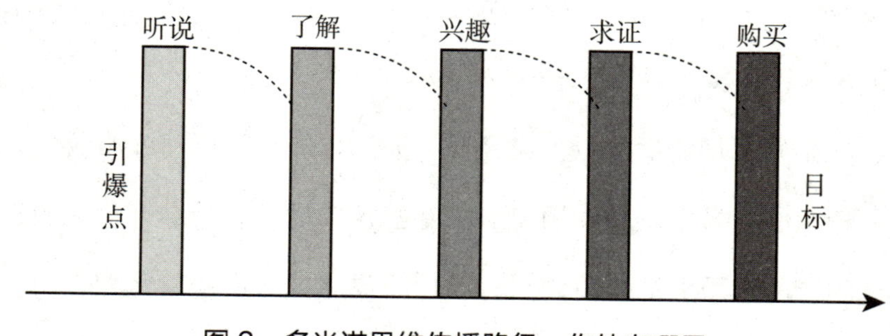

图 2　多米诺思维传播路径，你处在哪里

在你摆放多个骨牌的时候，可能看上去摆放得很整齐，但是由于你摆放的时候没有预计好第 1 与第 2 块骨牌或第 N 与第 N+1 块骨牌之间的间距，在你推倒第 1（N）块骨牌的时候，可能砸不到第 2（N+1）块骨牌，到最后，这一条完整的骨牌链没办法推倒，即宣告游戏失败，被迫走进节点思维（见图 3）。

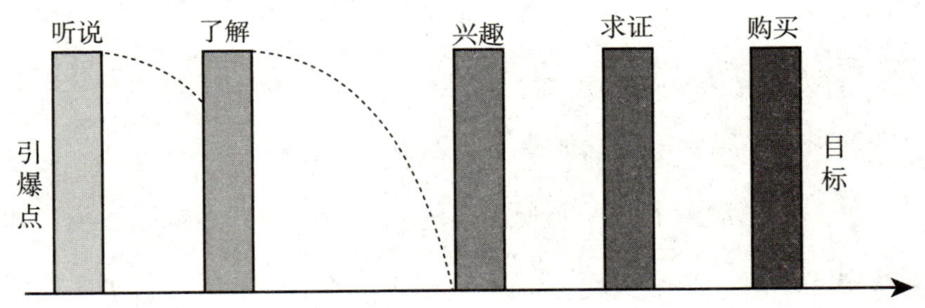

图 3　节点思维传播路径，你处在哪里

在我们规划内容营销的时候，会经常遇到这样的疑惑：明明我们的内容都做得非常棒，为什么最后没有达到目标，形成转化？答案很简单，在影响决策的内容节点问题上，我们与用户的理解产生了偏差，间距不一致，可能对我们来说是很简单的一件事，在用户那里却变得很复杂。你通过某个自媒体渠道发布了一篇营销文，希望吸引用户到官方商城购买空气净化器。用户阅读量相当可观，你在内容中对用户的引导也非常明确，用户点击链接的比例非常高，但是，最终的转化结果非常糟糕，为什么？

如果受众目标都是精准潜在用户，经常收看你们的其他内容，用户所在城市的分布也非常清楚，有相当一部分用户对你们的产品有了一定的了解，关注用户所在的城市空气质量确实不太理想，他们购买空气净化器的意愿也很强烈，可是一看到你们的商城还要注册新的账号，而且没有微信、QQ 等关联账号可以联合登录，让大部分有购买意向的用户失去了兴趣，潜在的一笔笔交易瞬间告吹。营销的传播部分达成了，但最终就是没有达到营销目标，原因就在于你们的内容与用户的网络行为产生了节点偏差。针对内容营销的这一弱项，答案营销有着独特的优势。

答案营销展示的是一系列答案链，它将企业产品或服务从告知到认知、了解、产生兴趣、购买、分享等各个环节拆分开来，以答案的方式植入目标用户群体所在的信息流中，形成一个完整的营销通道，并通过内部或外部的营销活动引爆，刺激用户主动认知、自主购买。这好比在每个用户脚下埋下许多烟花，虽然露出了引线，但大多数用户都会无视；平台上一旦有如社会事件、热议话题等催化剂产生，用户便会自主去寻找身边的引线，并引爆这些能满足需求的烟花，这些烟花就是我们说的营销答案。

答案营销是一种可以打破多米诺骨牌魔咒的营销方式，每个用户，不管他处于对产品听说、了解、产生兴趣、求证或者是购买及分享的哪一个阶段，他都能够轻松找到对产品或服务进行完整认知的答案。

怎么理解呢？我们先来看看阿米巴是怎么一回事。

阿米巴原指一种单细胞动物阿米巴虫，因可向各个方向伸出伪足、体形不定而得名，现在大多指企业经营管理模式中的“阿米巴经营管理模式”，即以各个阿米巴的领导为核心，让其自行制订各自的计划，并依靠全体成员的智慧和努力来完成目标。通过这样一种做法，让第一线的每一位员工都能成为主角，主动参与经营，进而实现“全员参与经营”。

答案营销的思路十分吻合这个观点（见图 4）。每一个聚合用户的平台上，都可以进行独立完整的答案预埋，即所预埋的答案能够覆盖用户的听说、了解、产生兴趣、求证、购买及分享的完整认知路径，在该平台形成独立的营销封闭路径。而不同的平台之间，答案也能相互作用，形成强大的营销网络。假设某企业分别在微博、百度知道、知乎、微信公众号等平台上预埋了相应的营销答案，每一个平台上都能够找到有关该企业产品或服务的完整认知路径答案。这家企业最开始在微博上投放营销活动，吸引用户听说及了解，即使有一部分用户不喜欢使用微博搜索或查看官方微博之前铺设的内容，他们也会通过搜索结果了解，或者在微信上关注其公众号，然后通过公众号进一步了解该企业及产品或服务。

尽管每一个平台上都有完整的帮助用户从认知到购买的所有答案，但大多数情况下都是不同平台上的答案相互发生作用，推动潜在用户群体从认知到购买的行为。同时，一旦突出了与产品或服务相关的关键信息，不管用户在哪个认知阶段，随时都可以找到指向目标决策的完整答案。

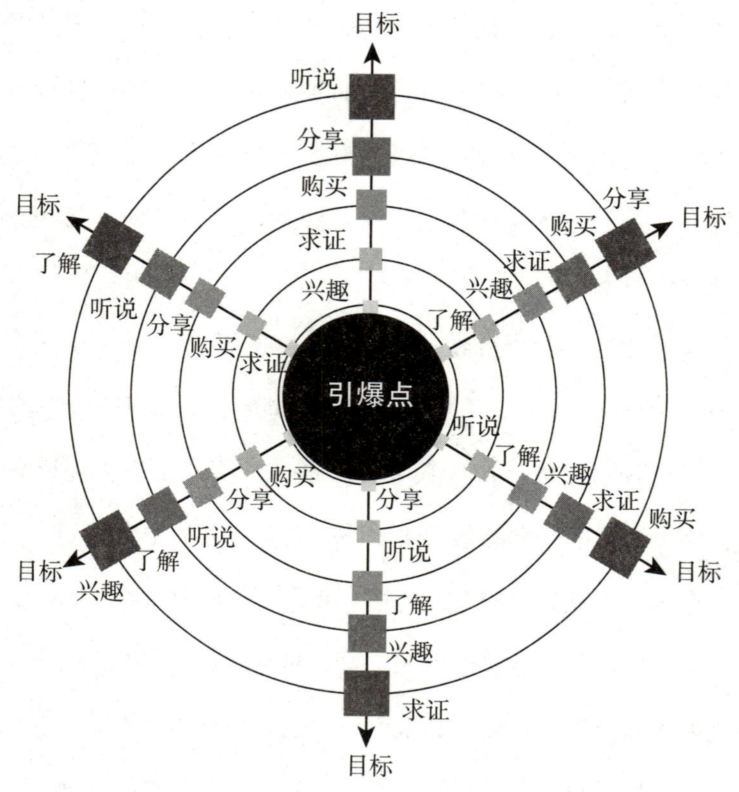

图 4　答案营销引爆点传播路径

答案营销不仅仅是问题与答案的预埋，也是需求激活，是需求强化，更是帮助更多的用户进行决策。它通过问题与答案激活用户的需求，将可能的潜在需求转化为必要需求；它在常识或知识化的问答传递过程中对需求解决给予必要的暗示，强化用户对解决需求的渴望；它还向用户提供多条可解决问题的线索，并在提供的答案池中引导用户进行选择（见图 5）。

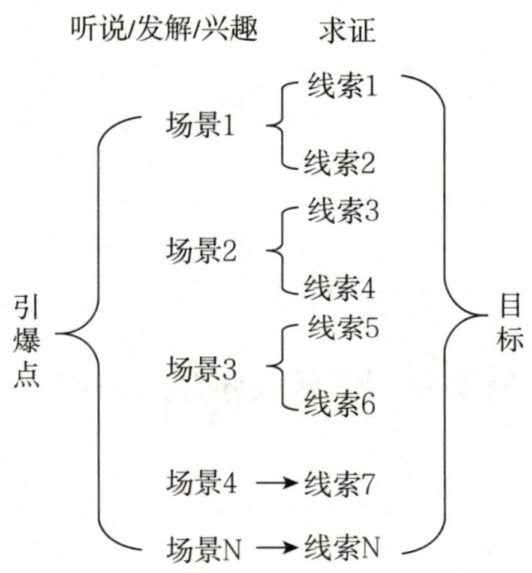

图 5　答案分解参考图：铺设多条线索，指向一个目标

我们经常可以看到一些营销活动做得热火朝天，最后的转化效果却并不理想，很大一部分原因就是在营销流程中，设计出来的多米诺骨牌间距与用户的理解产生了偏差。许多企业在投放 SEM 时在搜索引擎竞价推广上花了大量的钱，却在落地上草草应对，真金白银的投入最后都只能付之东流。而有些企业恰好相反，只需要一个小小的流量入口，就能把所有闯进来的用户“一网打尽”，产生极高的转化。

答案是知识普及还是常识传递

常识，即日常的见识或普通的见识，它是日常生活（日常思维和日常行动）赖以进行的知识源泉。哲学家费耶阿本德说："常识与我们不可分离，它是我们思想和行动的实践基础，我们的生活要依靠它，但现在我们还可以证明它固有的合理性。"波士顿大学教授瓦托夫斯基对常识的界定是："常识性知识的特征就在于，它就不是明确的系统的，也不是明确的批判的，就是说，既没有把它的所有各个部分同所有其他部分联系起来，也没有自觉地企图把它当作一个首尾一贯的真理体系。"

在微信朋友圈、微博等社交平台上，人们普遍都倾向于常识化表达和描述，而在知乎、文库、百科等平台，人们更倾向于知识化表达和描述。简单地说，就是大白话和书面语的差别。

常识是长期实践经验的产物，它是人类对生存环境的最简化适应，是人类生存的一种精练的决策手段；常识也是特定群体所需共知的普通知识，例如会计工作，处理账目数据是会计需要掌握的科学知识，处理方法、制度都是常识；销售工作，产品功能是销售员需要掌握的知识，销售技巧或手段都是常识。

现在的社会分工越来越细，人们面临的主要压力来源于信息爆炸，以及自身难以跟上知识的不断发展和增加导致不断出现知识上的盲点或盲区，而这样的压力正好为开展常识营销提供了空间。人存在知识上的结构性缺失，在工作和生活中就要交一些奇怪的“智商税”，最近两年知识经济的迅速崛起也是为了改变这种缺失，以应对越来越碎片化的阅读方式。

知识水平一般的人，常识不足，常会因自身发展状态遇到各种困难。而常识丰富的人，在处理很多事情时，能够将知识组合成常识，处理事情就变得顺水行舟、轻而易举。常识融入了许多人的经验、价值观和有洞察力的判断，所以它比知识更难获得。你拿着一本非常有名的畅销书所提供的方法论去实践时，仍然会无所适从，就是这个原因。

营销代表的是品牌对人性的把握与影响。互联网让信息获取更容易，越容易得到的东西，人们就越无所谓，甚至会有些许抗拒。用户探究知识的过程是主动而有趣的，充满了自我挑战与成就感，答案营销的初衷正是激活用户对产品或服务的自主认知欲望。

知乎凭借多年积累下来的高价值内容为用户带来了信任感，其平台有健康的内容生产环境和良好的社区内容讨论氛围。知乎用户普遍呈现高学历、高收入和高购买力三大特征，这些天然基因，让知乎积累起了大批优质用户，他们一旦认同品牌通过知识传递的理念和价值观，会自发分享相关内容，形成真正的“品牌种子”，帮助品牌传播高价值内容。

据艾瑞咨询《2017 年中国社交应用需求价值白皮书》的数据显示，在知乎用户的平台活动中，有 57.3% 的用户喜欢搜索与浏览问题及答案，有 48% 的用户既提问又参与回答，超过 39% 的用户根据知乎的推送进行阅读并点赞或感谢。这说明当下的网络趋势是，专业知识总能获得应有的尊重，用户主动分享知识是再正常不过的事情，这为知识营销带来了其他营销方式难以比拟的自传播能力与更深远的影响力。

企业的营销目标，是通过大量的相关知识宣传，让用户长久记住品牌特性与产品功能原理及差异，而不仅仅是今天做营销活动有几个人进来下单而已。从好奇心到自主分享传播，再形成长久记忆，是我们对待未知事物的思维加工过程，也是知识营销让用户从被说服到深刻认知，再到与品牌建立长远关系的三个递进式阶段。在这个过程中，用户的个性、爱好与品牌希望传递的信息会形成自然关联，用户逐渐对产品价值产生更多认知和理解，并由此自发产生使用需求。

遵循这一逻辑，不少品牌在知乎上开展知识营销前，都会先基于海量用户的心理诉求设计引人关注的话题，并在用户参与创作与传播的过程中传递相关知识，使品牌与用户形成朋友般的互动，激发用户好奇心，并让用户自主参与到创作品牌内容和传播中，在此基础上进一步配合线下活动、周边产品、电子书集锦、媒体扩散等方式进行整合传播，以达到事半功倍的效果，不断强化品牌在用户心中的印象。

奔驰“致敬人类首次登月”案例，完整体现了从社群互动到品牌忠诚的营销路径。进入 2017 年下半年开始，“致敬人类首次登月”原生广告持续出现在知乎社区，引发了用户的广泛关注；2017 年 7 月 20 日人类月球日当天，奔驰在知乎平台发布“人类做过哪些伟大的探索，改变了历史进程”的品牌提问与原生文章，将品牌知识巧妙融入大的历史背景中，并与知友进行互动，形成用户品牌知识记忆，并在其原生文章中推出“致敬阿波罗 11 号，我们再次成功登月”视频，从而借势社会事件完成品牌认知的升华。通过品牌提问和原生文章两种成熟的营销场景，奔驰机构号吸引了大量关注者，实现了品牌曝光，也传递了品牌深厚的历史文化和专业知识，让奔驰的品牌形象深入人心。

一切有价值的内容都是知识，都可以用来和用户群体进行深层次的沟通。常识是一个更容易让目标用户接受的信息载体形式，用科学的方法向用户传递日常知识同样变得非常必要。在后面的部分，我将按答案营销的思路解读如何将产品知识常识化。

为什么都在问“为什么”

营销的起点始于人们的各种需求。每个人对事物的认知都受自身成长与生活环境的影响，在这个环境中形成的认知决定了一个人的思考范畴与行为方向。

不少人都有被小朋友的一连串问题问到不胜其烦的时候。但从本性来说，其实你也曾经是个满腹疑问的少年，只是长大后，你碍于面子，或怕显得自己无知而不好意思向别人提太多问题罢了。打破砂锅问到底的最根本动因是基于人类的自我保护意识的本能，是一种担心被未知所伤害的防护措施。

在做决策之前，用户总有很多问题等待解答，这时候应该怎么办？

一、用户认知新事物的过程

2016 年底，我和朋友一起去蓬莱市某楼盘买房子。我工作在北京，老家在湖南，和不少人一样梦想着住在海边，面朝大海看春暖花开。为了确定是否要在蓬莱某楼盘买房住，我通过网络搜索相关内容，做了非常多的功课。为减少不必要的交流，也为节约时间，我还专门列出一个表格，把关于买房我能想到的 30 多个问题，如贷款、户口迁移、房屋交接、商业配套、停车、物业、取暖等，一并发给售楼小姐，然后等待对方回复。

这个过程，我以一个准购房者的角度去思考我的决定和所有可能要面临的问题。我思考问题的过程，就是典型的认知新事物的过程（见图 6）。

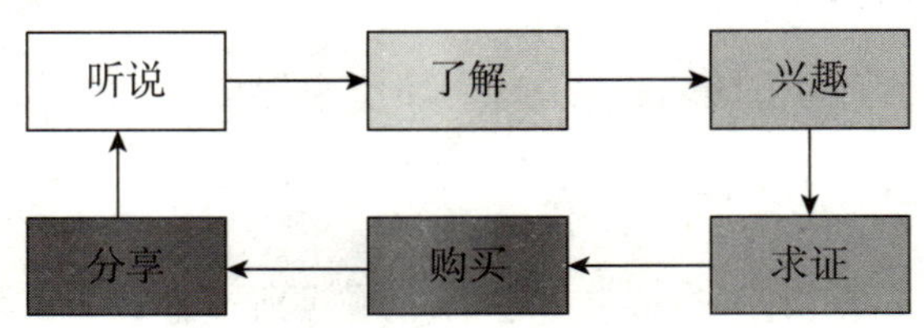

图 6　用户认知新事物的过程

每一个环节都有大量的问题需要解决，作为商家，你要认真地在每个环节都做好准备。下面我们对这几个环节做一个简单的分析。

一切从听说开始：在用户建立起对产品或服务的认知之前，所有的关注都只是道听途说。通过一系列信息的收集，目标用户群体解决了听说的问题。

越了解越信任：愿意了解代表用户开始，产生兴趣是因为用户的潜在需求发生了作用。建立信任必须基于进一步的了解，如果听说仅仅只是听说，无法让用户认知一个新的产品或服务，用户就会有越来越多的问题。

喜欢先要感兴趣：兴趣不仅是个人的成长动力，还是催生购买行为的前提。用户兴趣上来了，对产品或服务了解的欲望也就越强烈。对产品或服务的兴趣，实际上是用户想找到自己心里的那个维度。“原来还可以这样用”的感叹，意味着用户可以在某个场景中用上它。

求证是对自己负责：要不要把这件商品领进门？用户还没想好。购买前用户的验证是一个必经阶段，自证、旁证、口碑等都是这个阶段非常重要的手段。

购买是一种满足：“机不可失时不再来”“名额有限”“独此一家别无他处”的吆喝，解决了用户的犹豫不决，催化购买成为必然结果。

越分享越快乐：人们在获得一个属于自己的新产品或服务时，多巴胺分泌会增加，兴奋度会提升。基于社交的需要，基于营销方对分享的激励，用户分享的意愿会变得格外强烈。

对新产品或服务的整个认知过程中，用户必定有无数的问题，都需要商家的答案恭候：客官，有什么想了解的问题尽管问！

二、什么是挣钱的支点

数据显示，2017年度原保险保费收入为36 581.01亿元人民币。保险业为什么能够有那么可观的收入？

我们先自问一个问题：购买一份保险前，我们会向保险销售员问多少个问题？

打开厚厚的保险合同，每份合同从头到尾是密密麻麻几百个问题与答案。看到那些问题与答案，你就会明白保险为什么可以有那么庞大的收入了。

保险业是所有行业中能够向客户提供最全面答案的行业。保险公司把客户所有能想到的关键问题、核心问题分门别类整理出来，将这些问题的标准答案教授给所有基层推销员，让每一个保险推销员成为专业的客服提供商向客户兜售服务。

为什么保险业在应对用户需求的答案上能做得很好？因为保险只需要交给用户这一纸问答合同就能拿到真金白银！答案即是金钱！

保险卖的不单是一份合同，一份客户在遇到风险时候的合同保障，本质上首先是基于客户的安全需要：保命。保险本身不能保命，却可以让生命变得更有价值，所谓理财只是顺带的业务推销，用一纸合同满足用户更多方面的需求。每家保险公司都有专门的产品开发部门做“答案”，做出的“答案”即合同条款，数以万计，并由精算师对“答案”进行验证。

保险业对答案提供如此详尽的服务，值得所有营销人员学习。

三、你是否每天都被千百个问题包围

互联网的内容本质是分享，大量的用户需求在信息分享时也被分享。

我们可以在微博、百度、各类垂直社群看到很多人晒出自己的需求。

“感冒”作为关键词的搜索结果超过 1 亿条。2017 年下半年以来，百度关于“感冒”的问答数量超过 86 600 000 条。这是什么概念呢？平均下来，每天有超过 23.7 万条相关的问题出现，意味着每天都有数以万计的潜在用户在寻找感冒的解决方案，对于感冒药生产企业来说，这些都是精准用户。可惜，并没有多少企业重视这一极端重要的数据。

2011 年 7 月上线的春雨医生，2017 年已有 132 293 名医生通过春雨医生平台向用户提供服务、撰写健康科普文章，参加同行之间的业务交流。春雨医生平台问诊用户目前已覆盖全球超过 130 个国家和地区，2017 年平台输出的线上问诊总量相当于新增了 30 家三甲医院的门诊服务能力，平均每天有 33 万个健康问题在春雨医生上得到解答。

为什么会有那么多的问题？怎么会有那么多的问题？你有那么多问题并不是你的过错，是人们面对世界事物变化，进行自我保护的本能反应，是解决特定需求的必然行动。术业有专攻，有太多问题并不是你个人就能解决的，你转而求助他人，是因为你相信你求助的人比你更为专业，能够为你提供有效的解决方案。

人们在认知新事物的时候，对客观世界的认识和观察包括感觉、知觉、注意、记忆、思维、语言等生理和心理活动，每一项生理或心理活动都可能会从它的本能角度提出相应的问题进行认知获取。人类认识世界从感觉和知觉开始，人们感知事物又以注意（听说）为前提，并从众多信息中将有用的信息筛检过滤（了解），储存到记忆系统，继而形成表象和概念。

人与人的沟通，总会从各种各样的问题开始。

用户需求背后的秘密

一、用户的两种需求

1. 隐性需求

大部分社交信息里都潜藏着大量的需求，都可以被挖掘出商业需求，并达成营销。

社交平台上，很多需求都是等待被激活的隐性需求，用户看上去没有强烈的、明确的需求，但实际上自身需求很急切，只是苦于没有找到能满足需求的解决方案。

隐性需求是用户隐藏在内心深处的需求，这类需求和产品提供的功能没有太大关系，上文提到的“次生需求”就是用户隐性需求中的一种。年轻人喜欢买高价的苹果手机，并不是冲着苹果手机那些强大的功能，而是想要苹果手机所代表的身份和标签。

隐性需求是环境的产物。管家帮在广州开展市场宣传时，采用“攻城略地，各个击破”的策略，即经过前期调研后，针对一个重点目标小区开展营销宣传，在该小区对家政有刚需的几个住户开始接受管家帮的家政阿姨后，改变宣传策略，宣传主题从服务项目的宣传转为宣传自身品牌，“×× 小区有 ×× 位家政阿姨来自管家帮”，咨询电话随之多了起来，有家政服务需要的家庭会到家政见面会现场挑人。在实现该小区的成功营销后，转而向周边重点小区发起新一轮宣传攻势，“×× 街都在用来自管家帮的家政阿姨”，并结合其他营销策略，成功激活了大量住户的隐性需求。

2. 显性需求

在物质如此丰富的今天，用户大多时候当然知道自己具体想要什么，他们只是没想好要去哪里，或者要如何找到自己想要的答案，尤其是部分“90 后”群体，他们甚至都不想自己去找答案，而希望朋友能够主动帮忙解决，这也跟他们养尊处优、以自我为中心的成长环境有关。借助社交媒体的便利性，大量用户将自己的显性需求晒出来，以期获得关注和答案。

用户除了主动发布或者搜索其显性需求，很多时候还会被广告、营销、社群等外部因素激活和强化其显性需求。

面对用户群体的显性需求，我们首先要解决两大问题：求证与购买。即向用户证明，我们的产品或服务能够帮助他们解决需求，并且能为他们提供便捷的购买通道。

二、需求其实没那么复杂

我母亲住在湖南岳阳乡下，家里几年前盖了两层楼，老人一直想多添置几个大衣柜，但是南方空气湿润，冬天的厚衣服如果长期放在衣柜里容易起霉菌。经人介绍，母亲专门整理了一间房，在里面放了很多东西：两个 X 型不锈钢衣架，整整齐齐按分类依次挂满了一家人的衣服，衣服套上了透明防尘薄膜罩；房间顶上装了一个可以手动控制上升下降的长长的晾衣架，挂着一些长大衣和被套床单。整个屋子因为这一布置焕然一新。

老人最初只是想要个衣柜。衣柜的主要功用是什么？放衣服。但衣柜挂衣服的空间非常有限，大部分衣服都是叠放的。衣服的主要功用是什么？当然是穿了。衣服叠放在衣柜里，就算不会有南方空气湿度太大导致起霉这样的可能，但在打开衣柜的第一时间，大家是不是都想一眼就能找到想要穿的衣服？

人们对美好生活追求的本质都是一样的，看似简单的东西也能独具匠心地解决最广大人民对更高品质生活的需求。

需求无止境，用户究竟想要什么？他们当然是想要更个性化的、真正为用户着想的产品或服务，想要产品的外观设计更美，想要产品实用功能之外的心理愉悦感。

三、引导从众又让用户害怕

每个人都在不停地学习，不停地体验新商品，让自己融入社会发展的节奏中，不让自己被时代抛弃。

中国是有着14亿人口的国家，一些品牌在做宣传时，喜欢用“××亿人都在用”“××人的选择”之类的字眼。为什么这些品牌喜欢用夸张的数字呢，是为了让你记住数据吗？当然不是，使用这些夸张的数字是要告诉你：有这么多人都在选择我们的产品或服务，你不用，就要当心掉队了。这些神奇的数字也会出现在朋友圈，朋友圈的营销宣传内容，都在照搬这个“用数据说话”的模板，暗示你赶紧行动起来选择他们的产品或服务。

为什么数据这么重要？

我们来看看国家统计局主要职责的前三条是怎么写的：

（1）承担组织领导和协调全国统计工作，确保统计数据真实、准确、及时的责任。制定统计政策、规划、全国基本统计制度和国家统计标准，起草统计法律法规草案，制定部门规章，指导全国统计工作。

（2）建立健全国民经济核算体系，拟订国民经济核算制度，组织实施全国及省、自治区、直辖市国民经济核算制度和全国投入产出调查，核算全国及省、自治区、直辖市国内生产总值，汇编提供国民经济核算资料，监督管理各地区国民经济核算工作。

（3）会同有关部门拟订重大国情国力普查计划、方案，组织实施全国人口、经济、农业等重大国情国力普查，汇总、整理和提供有关国情国力方面的统计数据。

由此可见，数据统计的力量多么强大，它能为国家制定各项政策提供有力的数据参考，甚至能左右政策的走向。例如开放二孩政策，就少不了长期基于对人口数据的统计分析与趋势判断。数据本身具有如下特点。

第一，数据呈现的可能是假象。一条新开的美食街上入驻 20 家商户，一年中有 9 家商户经营不善转手了，最后的宣传效果却是这条美食街“29 家餐饮企业入驻，商铺入驻率达到 145%”。

第二，数据有强大的说服力。“高于 80%”和“低于 20%”是 2 个很有说服力的数据，它比四舍五入更能让所谓“事实”成立，因为它代表着“绝大多数”或者“微不足道”，在诸多辩论赛中，这样压倒性的数据有着“事实胜于雄辩”的力量。

第三，数据有诱导性。数据会给人暗示，让不属于该数据范畴的人“害怕”，数据反映出的产品或服务受欢迎程度让老用户更有潮流感和时代感，同时能促使更多新用户试图“跟上大多数人的选择”。

不管是营销宣传发布的数据还是用户自己观察到的数据，都促使用户做出一个反应：从众。许多用户其实根本没想到自己具体需要什么，只是担心自己成为数据中那个“不幸”的少数，或想要成为幸运的那部分，都会不自觉地让自己“从众”。

从众效应（Bandwagon Effect）也称乐队花车效应，指当个体受到群体的影响或压力时，会怀疑并改变自己的观点、判断和行为，与多数人趋于一致，也就是通常人们所说的“随大流”。

看晚会时的一个现象经常被大家忽略：每次台上的表演者表演完，台下的观众都会有人带头鼓掌并喝彩。按理说，鼓掌不是自愿的吗？节目好的话，大家用长时间鼓掌的方式表示赞赏，不好的话象征性地鼓掌就可以。但是有人引导大家鼓掌的话，你不鼓掌，就会觉得自己很不合群，迫于这一压力你只能跟着鼓掌了。古斯塔夫·勒庞在《乌合之众》中提出这样一个观点：“当个体一旦进入到群体，他的个性便会湮没，自我意识模糊，独立思考能力下降。这时，群体的思想占据了统治地位，个体的判断力和逻辑在群体行为的暗示与传染下趋同一致，最后个体残存的智力统治被群体行为彻底反噬，最终群体变成了人云亦云的乌合之众。”

来一场愉快的消费升级

《中国统计年鉴》数据显示，2016 年，全国有 20% 的人口属于高收入群体；法国巴黎银行的公开数据显示，到 2020 年，中国的中产阶层家庭将占整个中国家庭总数的 40%，中产阶层的人口规模将超过美国总人口数（2016 年美国总人口数约为 3.23 亿）。

我们来回味一下一个童话故事《小猴子下山》：有一天，一只小猴子走到一片玉米地里，看见玉米结得又大又多，就掰了一个抓着往前走。走到一棵桃树下，小猴子看见满树的桃子又大又红，非常高兴，就扔了玉米去摘桃子。捧着几个桃子，小猴子又走到一片瓜地里，看见满地的西瓜又大又圆，非常高兴，就扔了桃子去摘西瓜。小猴子抱着大西瓜往回走，走着走着，看见一只小兔蹦蹦跳跳的很可爱，就扔了西瓜去追小兔。小兔跑进树林子，不见了，小猴子只好空着手回家去。

我讲这个可爱又可怜的故事，是想告诉大家，人在不同的时期，欲望是不同的，这些欲望不一定来自诱惑本身，而是在特定阶段特定环境中追求不一样的体验催生的：桃子比玉米更甜—西瓜比桃子更大—兔子比西瓜更好玩，这是一个观念随着外部环境刺激而不断“升级”的过程。

大量的品牌产品都打着消费升级的旗号，追随着国家提倡的消费升级的战略脚步。企业只有顺应大势，在特定的发展阶段找到目标用户人群的共性，结合并修正企业诉求，才可成为时代的弄潮儿。

《人民日报》微信公众号在2018年春节假期发布了一篇文章：《物质幸福时代已经结束，新时代来临》。很明显，这篇文章所讲的内容对应的正是我们要做的“消费升级”转变。文中提到了达成自由生活“新幸福”的十个条件：享受工作；有关系亲密的朋友和家人；拥有稳定的经济来源；身心健康；拥有富于刺激性的兴趣和生活方式；拥有一定的时间自由；选择适合自己的居住环境；具备有效的思维习惯；能够放眼未来；感觉自己正在向目标迈进。

文中还提到了获得新时代幸福的诸多方法：从“厉行节约”到“主动选择简朴”；从“拥有金钱”变成“拥有时间”；与其追逐地位的提升，不如追求自由；与其在一流企业就职，不如从事自由职业；与其一味推销自己，不如提供帮助；做不依赖任何平台、靠实力说话的人；以愉悦的心态面对辛苦；保持自己的独立思考能力；小众市场更具消费力；比起短视的加薪，更应重视个人品牌的积累；在咖啡馆、公园、健身房等场所办公；借助生活方式这个共同语言拓展自己的世界；比起短暂的大幸福，长久且可持续的“小确幸”更令人感动；比起金钱，更重要的是精神层面的充实感；提高工作效率，改变“重量不重质”的习惯；从“以他人为中心”转变为“以自己为中心”；改变每天既定的生活模式，享受变化；等等。

主流社会舆论在朝着变化的、充满正能量的方向前行，我们的产品精神内涵是否跟得上这种变化呢？《人民日报》倡导的这些观念变化，涉及生活与工作的很多方面，可以看作是引导人们进行“消费升级”的参考样本，你能感受到其中几点并为企业产品或服务所用呢？

我们这个时代是这样的：

以前大家都在电视上追剧，后来以优酷、土豆、爱奇艺为代表的长视频平台兴起，现在长视频平台已经被快手、抖音短视频平台赶超。新闻门户网站也被各类资讯客户端取代，年轻人懒得打开搜索引擎去搜东西，而更习惯接收推送到眼皮底下的信息，对信息的选择越来越同质化、快餐化，就如同一款热门小游戏用不了太久就会“过气”，用户从不留恋，也从不思考。

共享单车激活了大众出行市场，共享雨伞、共享充电宝、共享图书、共享汽车等项目层出不穷，年轻人乐于接受这样的共享经济，有人甚至认为，在可预见的未来，所有的东西都可以不必自己购买，只按需取用就好了。

……

这个世界究竟发生了什么？

一、用户变了

2018 年，最后一批“90 后”都已经成年了，被称为“互联网原住民”的一代人已经长大，成为改变社会的最强大基因。

新零售正是顺应了这些变化，并重新改造人们的生活。

阿里巴巴花 95 亿美元收购饿了么，并不只是要收购它的外卖业务，更多的是想要借助饿了么来打造阿里新零售提出的“3 公里理想生活圈”，实现“3 公里内解决一切生活需求”的理想生活体验。盒马鲜生提出为门店周边 3 公里范围内居民提供最快 30 分钟免费配送服务，天猫超市则提出下单之后 1 小时内送达的口号。

新的消费变革已经来临。无论时代怎么变，用户怎么变，人性和基于人性的需求永远不变。只要深入目标用户群体，了解他们的心声，结合他们的行为与偏好，就可以更有针对性地有效开展营销。

用户变成什么样了？

一方面，远距离的出城、出国时间成本不断降低；另一方面，近距离的出行时间成本不断抬升，住在通州土桥的市民要去通州北苑万达广场办事，7 公里的路程，开车过去至少要经过 13 个红绿灯，再加上堵车等各种未知状况，花上半个甚至一个小时都是可能的。

现在的“80 后”“90 后”下班和周末一般都干什么？宅在家里打游戏、追剧、刷朋友圈、用手机 App 叫外卖，这是我们可以脱口而出的有普适性的答案。

人们的办事效率越来越高，消费行为却越来越懒。

越来越懒，从社会发展的角度来说是一种新的生活方式，说明有越来越多的人把更多的时间与精力放在自己喜欢的事物上，这种生活方式直接推动了技术进步与产品升级，以及全新的消费方式。

用户越来越依赖手机，对内容的专注时间却越来越短，对内容的选择越来越挑剔，不管你的标题如何标新立异，只要你的内容不够出彩，用户很快就会关闭并快速切换到其他内容上。传统网站的页面加载时间一般在 5 秒钟或者更少的话，用户直接离开（以关闭页面为准）的比例一般不会超过 20%，但一旦超过 5 秒钟，用户流失的比例会按照每秒 1% ~ 5% 叠加递增。以今日头条系、阿里系、网易系等为代表的各个信息平台正在改变用户的习惯，让用户将搜索的动作都省掉，平台会借助大数据，按用户的阅读和收听喜好进行精准推送，让人们更省时省事地按自己的喜好与习惯阅读更适合自己需要的内容。

最重要的变化是，大家越来越爱表达、乐于分享。打开 QQ 空间或微信朋友圈，你能看见同学同事亲戚朋友在晒风景、晒娃、晒美食、分享文章或视频；打开微博，各种热门新闻与八卦一览无余，随手一点就分享出去，表现出你对某件事情的关心；抖音在短时间内就成为大众喜闻乐见的、表达个性的大平台，就是因为有趣的内容被大量分享……表达感知并与人分享，是一种与生俱来的社群行为，分享正在成为人们社交活动的重要组成部分。

第一，用户表达与分享的是一种展示自我的行为。在朋友圈或微博上看到的"我"的文字与照片、"我"的倾诉与观点，是"我"眼中认可的自我最自然的表现，人们通过这些表现来告知身边的人"我"是一个什么样的人。

第二，用户表达与分享的行为是为了维系更稳定的社交圈。2017 年五四青年节那天，我在朋友圈分享了 12 岁、18 岁、28 岁的三张照片，当天获得 45 个赞和近百条评论，其中有 29 个赞来自我从小学到大学的同学。在这 29 人中，至少有 15 人平时几乎没有任何互动。通过这样的分享行为，哪怕仅仅只是多收获了几个点赞，很明显也增进了朋友之间的联系，相互的关注也更多。

用户在分享内容之前都会先想这样的问题，分享这个内容是否符合别人对我的印象？我分享给别人，别人会觉得有趣吗？我分享的内容能不能得到很多人的关注和回复？我想用分享来支持别人的想法或观点，会不会获得更多好感？……

分享就是社交的核心组成部分，用户渴望通过表达与分享来得到互动。

还有一个值得注意的变化，是用户普遍进入“看脸”时代。新一代的网络用户群体是地道的视觉动物，对有美感的新鲜事物充满好奇心。对他们来说，颜值即正义。随着审美情趣和兴趣需求的提升，产品的高颜值变得越来越重要。

很多年轻人虽然自己不做饭，却愿意在网上花 3 000 元买一口锅。双立人厨具凭借其突出的设计美感，在中国区的销售额如今已经超过了德国本土的销售额。对这些新生代的用户群体来说，做饭已经不再是果腹的家务活，而是享受自己动手、烹制一粥一饭的过程，是一项有意义的娱乐活动，正应了当下广受追捧的下厨房的诉求主张：唯有爱与美食不可辜负。

你真的需要为一杯答案茶排队一小时吗？肯定不需要，但你是不是很想要？真正能体现消费升级的产品，已经不再是生活必需品，而是让人愿意为兴趣爱好买单、为颜值买单的产品或服务。

二、渠道变了

工业和信息化部赛迪研究院于 2018 年 2 月发布的《2017 年家电网购分析报告》显示，2017 年，我国家电网购市场总体规模达到 4 906 亿元人民币，同比增长 27.6%，家电网购渗透率达到 26.5%，2017 年家电网购市场中京东、天猫、苏宁三强角逐格局逐渐稳固。

而今，你很难说清楚苏宁是一家线下实体连锁品牌还是一家网购平台。在苏宁易购智慧零售开发战略部署会上，苏宁公布了2018年5 000家小店的开店计划。作为苏宁布局O2O领域的重要业态，苏宁小店与云店3.0等多类线下业态相配合，实现“大店更全、小店更专”的互联网门店发展战略。

现在每个大商城和购物中心基本上都有一层楼甚至几层楼用来做餐饮专区，餐厅数量众多，你如何决定在哪个餐厅吃饭呢？以我的一个朋友为例，他总是拿出手机打开美团或者大众点评，看自己有兴趣的几家餐厅的点评状况，再看看有没有团购折扣，最后决定在哪家餐厅点什么特色菜。

目前的手机用户平均每人每天有3个半小时花在移动互联网上，许多人的决策都依赖于手机App上的信息。新零售正在对过去的O2O与“互联网+”进行升级改造，将线上的互联网思维搬到线下来。同时，在这个去中心化的时代，以店面为核心的终端营销，已经是明日黄花，全渠道营销在未来几年将成为主流，店面不再是核心，而是渠道之一。整合线上线下全渠道的超级平台，正在引领消费渠道与方式发生新的变化。

三、体验变了

1951年，爱因斯坦在普林斯顿大学教书。一天，他刚结束一场物理专业高级班的考试，正在回办公室的路上，助教看着手上的一摞试卷突然问他："博士，您给这个班的学生出的考题与去年一样。您怎么能给同一个班连续两年出一样的考题呢？"

"哦，我之所以给同一班出同样的考题，是因为答案变了啊。"爱因斯坦的回答十分干脆。

这个经典的故事对营销人有着巨大的启发。用户还是那些人，需求还是依靠那些产品或服务来满足，但传统的推销方式已经越来越难满足用户们的消费需求了，用户正在从过去的被动选择阶段进入主动选择阶段。

现代管理大师彼得·德鲁克曾说过，无论在西方还是东方，知识一直被视为"道"（being）的存在，但几乎一夜之间，它就变为"器"（doing）的存在，从而成为一种资源，一种实用利器。

商品都还是原来的商品，顾客也还是这些顾客，你还是你，我还是我，但是我们之间发生交集的方式已经变了。移动互联网、物联网、人工智能、区块链等新概念的提出，新技术与应用的发展，让人们的生活环境在不知不觉中已经或正在发生变化，人们的价值观随之改变，生活方式自然也随之产生巨大的变化。

以前我需要去一公里外的商场掏钱或刷信用卡买日用品，现在我更愿意坐在家里通过手机下单送货上门；以前饭点，我去餐厅吃饭经常要排很久的队，现在我在办公室里提前用手机点外卖就可以等待送达。我依然是我，买的、吃的仍是那些东西，可是我身处的世界的消费方式变了。

是互联网带来的消费体验快感，让用户欲罢不能。

市场上同质商品层出不穷，有“情怀”的产品依然有极大的市场前景。互联网领域的每个创业者，都在用情怀包装他们的创业故事，以期在创业初期获得大量关注，这实际上说明了用户群体的精神空虚，创业者的情怀故事填补了茫然的用户们精神上的空虚。

现在的年轻人买眼镜，首先考虑的是眼镜外观酷不酷。对他们来说，戴上去显得酷才是第一位的需求，外表已经替代功能，成为用户对商品的核心诉求。

从 2012 年开始，淘宝上出现了一类专门针对微博的产品：苹果手机标签。微博用户发布的每一条微博都可以被标示出来源，例如“来自 iPhone 客户端”“来自微博 weibo.com”等。而在当时，使用苹果手机是“高大上”的代名词。一批安卓机用户为了让自己在公众社交平台上看起来更“高大上”，纷纷去购买手机标签服务，某淘宝店的该产品月成交记录达到惊人的 2 万单。

用户想成为一个什么样的人，就会做一个符合那类人特征的消费决策。人们不断地消费，本质上就是要给自己贴上新的标签。买东西不一定要买贵的，但是会买代表自己身份标签的商品或服务。年轻人做消费决策时，更多的都是为了给自己贴标签。天天在电视上刷屏的某品牌手机，价格动辄过万，贴着“商务”“成功人士”的标签，它是要卖给那些有钱的成功人士的吗？怎么可能?！成功人士不是有闲工夫看电视广告的人群，这个品牌商是要把产品卖给那些不怎么成功的人士，帮他们在自己的圈子里贴“成功人士”标签的。

有一个有趣的现象：大城市都在建设越来越多枢纽型的交通节点，减少人们的出门换乘时间，而普通城市、县城这样的地方，汽车站与火车站大多相距甚远，相互间公共交通不便。朋友打趣说这是因为大城市人口太多，人多了就会占用公共资源，所以要方便你快点走；小城市人少，好不容易有人来了，怎么能让你轻松离开。高铁、飞机、超级公路的建设，目标指向都是两个字：时间。各种国家基础设施建设项目都在为大众节约宝贵的出行时间而服务，你的产品或服务有为用户节约时间吗？

2018 年 2 月 28 日发布的《中华人民共和国 2017 年国民经济和社会发展统计公报》显示，全年全国居民人均可支配收入 25 974 元，同比增长 9.0%，扣除价格因素，实际增长 7.3%。收入增长带来的显而易见的改变，就是我们的时间变得更值钱，不管干什么事，机会成本都是提高的。用户购物的时间成本上升，推动了节约用户时间的网络购物的爆发性增长。

经济越发达，人们的时间就越宝贵，人们更愿意节省时间，提高时间利用率，赋予个人时间更多意义。各类知识付费 App，都让用户不自觉地为节约时间而买单，不少大 V 就是依靠帮助用户筛选优质信息得到用户打赏以获得收入的。人们越来越在意自己的时间价值，更愿意为节省时间买单，用户甚至宁愿把一些个人时间用在看似“无用”的美好事物上。宜家看中了这一商机，2017 年在其官网上线“时间零售店”的项目，核心业务是通过收纳物品等把衣服、首饰、零食等常用物品归类，为用户节省更多的时间，用空间换时间。

消费升级一定要为用户着想，帮助用户节约时间。不管是功能性商品、工具性商品还是其他消耗性商品，都要在特定的场景中帮助用户节约时间，哪怕是一包方便面，也是旨在以最快的方式帮助用户填饱肚子，省下时间来完成其他更重要的事情。

第三部分　答案营销要怎么做

凡事都要讲方法。在了解了答案营销巨大的推动作用后，我们还要了解实操阶段的应用：答案营销的操作方法是什么？如何让答案营销产生影响力？

答案营销不是基于某一个平台的营销方式或具体的营销活动，它是一种基于对用户需求理解的营销思路。答案营销的实践重点，是在多个目标用户群体聚集的平台上，提供完整的答案链，帮助用户找到满足需求的解决方案，并激活用户需求，通过知识与常识化的答案预埋及场景关联，让营销变成用户主动认知的过程。你想到答案营销要怎么做了吗?

许多企业在网络营销上投入了巨大的人力和财力，真金白银的广告费投入却大多打了水漂。为营销而营销，过于依赖营销策划中激活用户关注的点，忽视用户关注行为背后的动机，是很多营销人开展网络营销时容易犯的错。做好答案营销的铺设，会给所有后续的营销活动加分，甚至能达到事半功倍的效果。

互联网最大的价值是开放、分享、协作，这与答案营销的价值完美吻合，通过答案预埋与答案跟随等方式，在开放的网络环境中进行分享与协作，帮助用户解决需求。

互联网解决人们最大的痛点是把时间打碎，把空间拉近，超越任何其他的传统工具；答案营销是把我们的营销目标打碎，而后用答案将用户的需求场景拉近——你刚好需要，我刚好有解决方案，帮助用户解决需求，顺便帮助企业实现营销。

你的每一次营销曝光与营销诉求，都会促使用户的潜意识里对该品牌贴上相应的标签，影响用户之后的认知与决策。疯狂过后，用户终归要回到冷静与理性，企业也要回到持续为用户提供服务上来，才能达到变现和盈利的目的。

先借“东风”

所有 UGC 网络平台上都有大量的需求，企业不可能对每一个需求都进行分析，并提供关于产品或服务的答案。企业的产品或服务面向的是每个用户，而营销工作面向的是整个用户群体。

我们的目标用户群在哪里？用户群在哪里，我们的营销答案就要铺向哪里。

目标用户群常常在网络上做什么？用户的行为决定了答案内容呈现与铺设的方式。

如何挖掘用户群需求与趋势？迎合是一种方式，引领用户需求是一种更高级的营销方式。

一、目标用户群在哪里

用互联网思维开展营销，就要以用户为中心，做目标用户调研是所有营销工作的第一步，要清楚地知道，目标用户是一群什么样的人，活跃在哪里，喜欢做什么，对内容的呈现方式有什么偏好，等等。

用户的平台分类对精准定位也很重要。如果你的用户在贴吧，那么你的主要精力就不必花在微博与微信上；如果你的用户在母婴互动社区等垂直社群，那就要抛弃垂直门户与社区模式已过时的想法，行业垂直门户与社区的内容集中度很高，优质的内容会被网站管理方筛选并置顶推荐，例如一些热门的孕、婴、童垂直社区与 BBS 社区，用户活跃度是相当不错的。

我有一个朋友 A 负责某会计社群的运营推广，他安排营销人员在各种相关财税贴吧上发了很多帖子，但几乎都没有效果。咨询几个身边做财务的朋友后，他发现这些朋友都不逛贴吧，而是喜欢在 QQ 群中讨论。于是，A 号召营销人员先后申请加入活跃度与人数排名最靠前的 50 个 500 人以上规模的 QQ 群，在里面大力宣传并与客户展开互动。一开始成功向社群导流的用户量并不多，但因为社群本身有很多知识专题，有行业认证的知名财税专家参与互动答疑、专业知识分享、国家相关政策解读，被吸引进来的用户留存率与活跃度非常高；更重要的是，这些前期先进入的用户对之后多次引流营销活动吸引进来的用户会有很大的影响，凭借 A 的努力和前期用户的宣传，这一社群的推广获得了很好的效果。

我经常跟踪一些微博大号，发现很多微博大号的日常运营都会要求经常主动提出各种问题，跟粉丝互动，一般单条微博下面常常有数百甚至数千条评论，如果将这些评论的内容整理并进行研究，那是相当有看头的。实际上，各类网络平台已经帮你将用户群体的性别、年龄、职业、地域分布、活跃渠道、活跃时间、行为偏好等数据深度挖掘并呈现给你，你还需要为如何寻找到目标用户而发愁吗？

微博某蓝V认证博主发布了一条微博，讨论现在的“00后”都在用什么护肤品的问题，结果引起了包括“90后”“00后”甚至“80后”在内的人群的极大兴趣，产生了近5 000次的转发与过万的评论数。嗅觉敏锐的营销人应该都可以意识到，这是比走过场式的线下线上的调研有用得多的数据，好好利用分析，可以挖掘出巨大的商机。

二、你的网络行为已被大数据记录

人活跃在某个环境中，这一环境就会影响这个人的思考与行为方式。

有数据论证说，生活中的习惯可能要21天才养成，但是，网络平台上的用户习惯不用7天就可以养成。想要精确地掌握用户习惯，清楚地知道用户对哪些内容感兴趣，喜欢以什么样的方式进行互动就很重要，因为营销的答案不可能一对一地向用户呈现，我们必须找到属于该平台用户的共性，才能高效地为用户群体提供帮助。而大数据技术就是帮助我们找到用户共性最有力的武器。

关于大数据，我们可以看看如下一些信息：

共青团中央宣传部、共青团北京市委员会、北京青少年网络文化发展中心和搜狗输入法大数据团队联合发布的《中国青年网民网络行为报告（2016—2017）》显示，网络用户日均打字290亿个，在所有的表情形象中“哭笑不得”的表情使用次数最多；“夜猫子”现象普遍，每晚11点左右是网民最活跃的时间段；“80后”日均上网时长6.2小时，“90后”日均上网时长6.5小时，每天超过1/4的生活时间都被网络占据；在言论特点和兴趣爱好上，青年网民普遍热爱吐槽，更加追求个性的释放，对二次元亚文化情有独钟……

美国的跨境品牌营销咨询公司可美亚（Co.media）在2018年初发布《2018美国线上消费者行为报告》，报告显示：2017年节日期间，有1.26亿美国家庭进行了节日消费，零售额超过全年的25%，其中服饰、配件、玩具、消费类电子品是最受欢迎的类别；千禧一代（1982—2000年出生）和Z一代（20世纪90年代中叶至2010年出生）对线上消费更加情有独钟；挑选网购商品时，产品图片和评论是消费者最关注的要素；美国的“80后”“90后”和“00后”成为网购主力军，他们占到了美国人口的50%；在购物偏好上，有超过6成的人喜欢网购，每周平均网购时间在5.5小时以上；74%的消费者会在网上查询产品评价，68%的消费者会浏览YouTube的测评视频；消费者更偏向于消费者而非专家的评论。

各类报告都从各自的数据角度对用户网络行为予以分析汇总，为我们的营销活动开展提供了非常有益的参考，这些大数据，就是指导我们精准定位、发现商机的最大的“聚宝盆”。

三、挖掘用户群需求、分析市场趋势

没有调查就没有发言权，任何营销活动想要取得更好的效果，都必须提前做好针对目标用户的市场调研工作。网络热门话题一直在变化，用户群体的行为也在相应变化，不断更迭的网络工具与信息平台决定了每一次的营销行为都不宜重复之前的操作。

如何利用网络工具帮助企业做好营销前的用户需求预测与市场趋势分析工作呢？这里有几个数据分析工具值得大家参考：

1. 百度指数

百度指数是一个以海量网民行为数据为基础的数据分享平台，通过百度指数可以研究关键词、关注趋势、洞察网民需求变化、监测媒体舆情趋势、定位消费者特征，还可以从行业视角，分析市场特点、洞悉品牌表现等。

目前，百度仍占据着最重要的国内搜索入口位置，2018年1月的第三方数据显示，百度搜索占国内市场的份额为69.74%，处于绝对的霸主地位。百度通过检索各个网站的内容向用户提供搜索结果，自身也积极开发如百科、经验、知道、贴吧、文库、攻略、音乐、小说、旅行等平台沉积大量内容，并优先向用户推送。百度指数向用户呈现的主要是关键词自然搜索相关数据，我们可以通过关键词进行对比分析。

2. 微博指数

微博指数是基于微博用户行为数据、博文数据，采用科学计算方法统计得出，反映不同事件领域发展状况的指数产品，通过关键词的热议度、行业 / 类别的平均影响力，来反映微博舆情或账号的发展走势。微博指数分为影响力指数和热词指数两大模块。

影响力指数包括政务指数、媒体指数、网站指数、名人指数 4 个模块。

政务指数：政府、公安、交通、医疗、司法、市政、工商税务等行业在微博平台的整体发展运营指标。

媒体指数：报纸、杂志、电视、电台等媒体类微博影响力分析。除了可以直接查看总的媒体类别影响力指数以外，还可以查看行业内的不同类别之间的指数对比。

网站指数：包括文化教育、潮流时尚、行业资讯、休闲娱乐、医疗健康等行业网站的微博影响力指数。

名人指数：新浪微博中名人用户的影响力。

另外，热词指数可以查看关键词在微博的热议度，主要可以查看热词趋势、人群分布、多个热词对比分析等。

3. 微信指数

微信指数是微信官方提供的基于微信大数据分析的移动端指数。

微信指数可以对关键词搜索的趋势进行展示，也可以深度挖掘舆情信息、市场需求等多方面的数据特征。

微信指数主要可以提供 3 个方向的参考：

第一，捕捉热词，看懂趋势。微信指数整合了微信上的搜索和浏览行为数据，基于对海量数据的分析，可以形成当日、近 7 日、近 30 日及近 90 日的关键词动态指数变化情况，方便看某个词在一段时间内的热度趋势和最新指数动态。

第二，监测舆情，形成研究结果。微信指数可以提供对社会舆情的监测，能实时了解互联网用户当前最为关注的社会问题、热点事件、舆论焦点等，方便政府、企业对舆情进行研究，从而形成有效的舆情应对方案。

第三，洞察用户兴趣，助力精准营销。微信指数提供的关键词的热度变化，可以间接获取用户的兴趣点及变化情况，从而对品牌企业的精准营销和投放形成决策依据，也能对品牌投放效果形成有效监测、跟踪和反馈。

4. GA

GA（Google Analytics，谷歌分析），是谷歌推出的网站流量分析工具，也是当前业界最强大的网络流量数据分析工具。

GA设置了非常多的维度来对网站用户受众进行分析，可根据数据分析的需要进行查看。它可以绘制流量曲线图，可自定义任意时间维度，查看某天或某时间段内的流量变化趋势，跟踪流量的不同来源渠道。GA对搜索引擎流量、引荐流量、直接流量、社会化媒体流量等渠道都可深入探索详细信息。通过细致的用户行为分析，GA可以完美呈现用户在网站停留与活动的热点、流向地图。此外，GA还可以生成电子商务转化率报告，精准分析不同渠道、不同产品或服务带来的转化与收益。此功能是电子商务网站进行数据分析的好帮手。

5. 公开的数据报告

拥有庞大用户数据的几个头部互联网公司BATJ（百度、阿里、腾讯、今日头条），都有自己相应的数据产品与公开报告。除此之外，360、小米等很多公司及大量的垂直App都在收集用户数据进行分析与应用。

想要获取免费的数据分析报告，只需在搜索引擎中输入相关的关键词+报告/趋势/白皮书组合即可，例如“化妆品报告”“‘90后’养生报告”。推荐搜索报告/趋势/白皮书的渠道为百度新闻搜索、百度网页搜索、微博搜索、微信搜索及今日头条搜索等。在诸多数据的筛选统计过程中，我们会发现更多有价值的数据信息可为开展营销所用。

用户的信息沟通方式变了

直面用户的方式，决定了我们答案营销的内容准备方向将由卖产品转向卖服务。

就企业与用户的关系来说，“我”是代表产品或服务的拥有企业属性或者营销身份的网络 ID，大多数时候，企业身份 ID“我”较少能与用户“你”的 ID 发生较为亲密的强关系，多数时候是个人 ID 与用户 ID 建立或弱或强的社交关系。营销的目标是企业的产品或服务要与目标用户发生交易关系，需要“我”跟“你”发生相应的关系。

相对于传统销售所建立的客户关系，网络上“我”与“你”这个用户信息沟通的方式已经完全变了。在互联网情境下，企业与用户的信息沟通具体是如何变化的呢?

一、交流方式

过去的方式是“我说你听”。电视里一遍又一遍地播放广告,你听,或者不听,它就在那里不停地向受众宣传;报纸杂志上就那些内容,你看,或者不看,它就在那里等着受众来阅读。这种信息沟通方式实际上是一种施压式沟通,就好像老师在台上讲课,学生必须得听,是一种被动式灌输,沟通的主体之间处于不平等状态,用户被动接收各种信息,这种沟通方式下的信息接收有效程度自然也要大打折扣,“50% 的广告费不知道浪费到哪里去了”这类问题的答案就在这里。

企业也青睐一对多的沟通方式,并且覆盖的受众越多越好。沟通本来是双向的,“我”和“你”在传统渠道中,非常难以实现双向沟通。即使有偶尔的渠道或方式可以实现双向互动沟通,其沟通也受时间、空间的限制,效率低下,成本高昂。

互联网时代的方式颠倒了过来,成了“你说我听”。网络改变了“我”和“你”的对话方式,网络平台把所有人都拉到平等的位置上让他们进行对话。用户们不再习惯被动接受“我说你听”,而要求自己发声。用户在网络平台上自由发布需求,针对接触或使用过的产品或服务发表观点与评论,并以此来影响其他用户,以往的企业危机公关那些撤稿、删帖的手段开始不管用了,这一变化深刻改变了企业的公关模式和用户理念。

在平等对话的网络环境中，企业如何对待用户，用户就会在他们的社交平台中如何如实表述企业的所作所为，企业与用户沟通的方式和内容都变得透明。也正因为这些透明，企业得以朝着为用户提供更好体验的方向前进。

二、问答方式

过去是“我问你答”的关系。进入商场，看到的基本都是这样的景象：顾客走进店来，服务人员立即迎上去，开口就向其询问需求或者向其推销，然后通过更多提问不断深入了解顾客的喜好，并依此来向顾客推荐相应的产品。用小礼品等馈赠邀请潜在顾客群体填写调查问卷、向顾客打电话推销、做电话调查等，都属于这种关系。可以说，除了用户主动逛商场接受服务，其他的方式大多会被用户认为是信息骚扰，用户投诉举报的后果会很严重，可以说上述关系是一种简单粗暴甚至近乎强买强卖的互动关系。

而现在，变成了“你问我答”。在网络上，所有人都以 ID 的方式存在，即便是企业自己建设的网站平台或 App，用户注册登录进来，企业也无法像传统线下零售商店那样向顾客问一系列关于其喜好的问题。这个时候，企业就应做出相应的变化：抛出话题，吸引关注，引导用户主动提问，然后向用户递送答案，主动转换了“我”与“你”之间的互动关系。

一些营销创意视频更是借各类场景激活用户某方面的痛点，让用户产生同理心，激活用户的潜在需求升级为必要需求，并引导用户产生购买欲望，主动提问或咨询。

信息交互的方式已经随着用户的环境变化了，如果还继续采用以往地位不对等的“我说你听”“我问你答”方式向用户强制性灌输或索取，浪费的广告费可就不止是50%这么少了。作为营销人，我们要多投入精力学习网络语言，在目标用户群体所在的平台上用他们喜欢的方式与他们进行互动交流，倾听用户的声音，用他们乐于接受的方式传递企业的产品知识与常识。

揭开产品常识化的面纱

一、为什么选择常识

每一个行业都有特定的从业人群，这些人都要掌握相应的基本知识、技能与工具，才能做出相应的工作成果。

知识的传递过程大多是知识相对丰富的一群人，将知识与应用案例结合起来，变成容易理解与接受的常识向受众传播，受众的常识体系得到更新，并再次转变为知识进行记忆存储。

怎么消灭屋里的臭虫？知识的解决答案是：

臭虫白天躲藏在住宅的墙壁、天花板、地板、木制家具、棕绷，甚至被褥的缝隙、孔洞、皱褶里，也会藏在公共场所的桌、椅缝隙里，晚上出来吸人的血。臭虫叮咬使人的皮肤瘙痒难忍，严重影响人们的休息和健康，有些人叮咬处引起过敏，出现荨麻疹肿块。在天气暖和时臭虫十分活跃，天冷时停止活动，冬天是消灭臭虫的最好季节。消灭臭虫的方法有：

（1）烧烫：用开水来回多次浇进床板、床架、棕绷、家具的缝隙里，衣服、被单浸泡在开水里，这样可以杀死臭虫的成虫和卵。

（2）填塞缝隙：把倍硫磷调成糊状，填塞在床板、床架、棕绷、家具及墙壁、地板的缝隙内，填塞后要经常检查，一旦发现填塞的油灰脱落，就应立即补充。

（3）曝晒：把被褥、草席、棕绷等放到太阳下面曝晒。曝晒的同时应拍打或翻动这些物品，把藏在里面的臭虫抖出来晒死或直接杀死。

（4）药物杀灭：把 50％马拉硫磷、50％倍硫磷用水稀释 100 倍，喷洒在墙壁或床板上，用量按每张单人床 400 毫升计算。用药一次效果能维持 2 至 4 个月。喷洒在臭虫活动、栖息的场所，用量是每平方米面积 100 毫升。用刷子蘸药液抹进床板、床架、棕绷、家具的缝隙里。这种方法对成虫的杀灭效果比较好，但对虫卵效果比较差，所以，涂药后 6 ~ 10 天应当再涂一次。还可以用 25％凯素灵可湿性粉剂加水稀释 80 ~ 100 倍，喷洒在床板或墙面上，药效可以维持两三个月。

常识的解决答案可以简单直白地表达为：

曝晒；或对床具及臭虫可能潜藏的物品消毒；或者购买一瓶强力杀臭虫药，不留一个死角，多次喷涂，杀灭臭虫。

图 7 清晰直白地告诉我们，知识的传递过程是将知识转化为常识，并对受众说服的过程，这个转化的必要性源于双方的知识体系不对称，即常识是用户语言对话，知识则是对常识的求证。

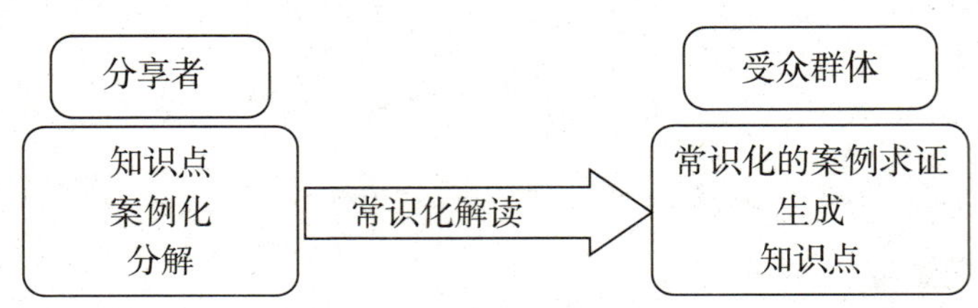

图 7　分享者与受众之间知识与常识的转化过程

而常识化的内容，是人类高效沟通的基础。常识对于营销而言，就是直接指向，对于目标受众是“我一定要知道”。如果我们用常识体系来构筑答案营销，就可以将产品或服务的常识打包给用户，并且有效催生用户自主购买的欲望。

如果你懂你的用户，懂得用最简洁有力的常识帮助用户解决需求，你的用户一定会懂你，记住你，感恩于你。所有能够与目标用户群体发生关系的事物都可以成为解决用户需求的常识，与其费尽心机去王婆卖瓜式宣传一个产品或服务，为什么不去向用户传递一些常识呢？

二、你是否抓住了常识背后的用户诉求

我先提几个问题：

男生为什么会关心女生的身材？为什么要关注时事？为什么要懂得一些日常的礼仪？打开新浪微博为什么要关注亲友或一些大号？为什么要孝敬老人？

略加注意你就会发现：这些问题的答案不都是生活常识吗？

是的，常识就是这样，当你掌握了它的时候，你都不想多问，更不用去思考或验证常识的正确性——你的潜意识里，常识已经变成了经验，是被其他人早就验证的标准答案。

我们再看下面的几个问题：在商场选购食品时，为什么人们更倾向于选择非转基因产品？打车时，人们为什么更愿意选择网约车而不是出租车？人如何做到半个月不出门而没饿死？

这些问题还用问吗？这些不都是人们生活中的基本常识吗？而你是否思考过，在你认为这些问题成为你的生活常识之前，哪一个问题不曾成为商家的卖点呢？从为人处世到吃喝拉撒，从线下生活到线上生活，以前从未听说过的知识、名词，如今不都已成为生活常识了吗？

如果听说一个新事物后，你觉得有意思想去了解它，你会做什么？你会问身边的人，或打开搜索工具进行关键词搜索。你想了解的是什么？必定是知识。当你记住它，并应用它，知识就成了你所掌握的常识。

人们去询问、搜索、学习、求证，所获得的知识最终都会被转化为常识记忆下来。生活中的“科学原理”，也都有相似之处，都从知识转变为影响人们生活工作的基本常识。

如果你是一个善于在生活工作中运用知识的人，那么，了解更多的基本常识就意味着你能更快地掌握到更多解决问题的办法。

所以，根本不用担心用户不会关注你通过答案铺设向他们提供的常识，你只要将产品或服务的卖点变成人们生活工作中更多解决问题场景中的常识，相应的知识一旦被用户群体以常识的方式接受、认可，产品或服务就会成为目标用户群体的生活工作必备。

三、用户是如何获取常识信息的

用户获得产品或服务的方式和获取其他常识没有任何差别，视、听、触、嗅、味、知六觉就是我们感知世界的最直接方式。而在网络上，获得信息即可获得知识，获取信息的方式莫过于视、听、知，最关键的是，我们提供的常识内容要与用户发生关系。

我们先来看一组线下某品牌鞋的门店销售 Q&A 产品常见问答培训资料。

【第一部分：应对质疑产品】

质疑产品价格

Q：你们的产品有什么特别之处，为什么这么贵?

A：其材质……（略，下同）

Q：这款鞋是什么面料？

A：这款鞋……

质疑产品设计

Q：你们的产品怎么与某某品牌那么像，是不是仿他们的？

A：首先……

质疑产品质量

Q：你们的产品比某某品牌便宜那么多，是不是质量不如他们的好？

A：咱们的……

质疑货品不全

Q：为什么我看上的货品，总是断号？你们店的货是不是不全？

A：您眼光真好……

【第二部分：应对质疑店内活动】

此处略。

【第三部分：应对顾客问询】

此处略。

【第四部分：应对质疑服务】

此处略。

这部分传统渠道销售Q&A，是对销售人员进行培训并向用户解答的标准答案，这些 Q&A 都将向用户传递常识化的答案，故而销售人员必须掌握更多更丰富的知识。

打开一些企业的官方网站，一般都可以看到有 Q&A 或“关于我们”等相关问答专区，和线下产品销售渠道的 Q&A 话术基本一样，只是这种内容很少能够被用户关注。

目前，搜索引擎仍是用户验证常识、获取相关知识的主要途径。通过搜索引擎搜索一个大家都非常熟悉的名词“安卓”，搜索结果的底部相关搜索中，仍然可以看出有大量用户想要了解安卓系统、安卓是什么。在许多人认为安卓的概念已经普及，成为常识之时，仍然有很多人想要了解安卓是什么，更不要说像数字货币、区块链、人工智能、物联网、新零售这些更新且相对更不易理解的名词术语概念了。

没有网络的年代，《康熙字典》《新华字典》《大英百科全书》等工具书籍与《天工开物》《本草纲目》等各类专业著作及《十万个为什么》等社科书籍是我们获得知识的重要途径。有些“荒唐”的是，大多数人对专业知识书籍置之不理，却对神话、故事、流言中的“常识”乐此不疲。为什么？因为他们认为故事就是那些知识在生活中应用的“案例”，是能够与人发生密切关系的场景呈现。

移动互联网年代，获得知识与常识的效率被提升到了一个新的高度。除了主动搜索，还有一些用户获取知识的方式更“懒”，选择在自己的社交空间发声，呼唤那些相互关注的朋友来解答。

四、如何将产品常识化分解

每个产品有不同的属性，这些属性会在用户眼前呈现不同的作用与结果。

我们来看看知识分解与常识分解的表述之间的区别。

衣架有各种材质，它们的基本功用都是相同的。

木制衣架结构稳定，品质感强，撑型效果佳，体积比较大，衣架挂钩开口一般为金属（**知识分解**），适合用来挂材质直挺、有一定重量、需要细心呵护的西装、风衣、大衣及外套等（**常识分解**）。

塑料衣架在衣物的撑型方面做得比较好，这种衣架本身有一定的厚度，但衣架挂钩的开口都比较小，没有韧性，如果要挂在粗的晾衣杆（如竹杆）上会比较困难（**知识分解**），适合晾挂内衣、裙装、衬衣等比较单薄的衣物（**常识分解**）。

这是我们以知识与常识结合的方式向用户传递信息的一个经典场景，实际生活中，我们是不是只需要传递常识那部分内容就可以了？

更多的产品或服务常识传递肯定要比大众日常生活中经常接触并应用的常识要复杂，因而用户需要的信息元素更多。我们需要从用户角度的哪些方面着手分解产品或服务的常识呢？

AISAS 模式是由电通公司针对互联网与无线应用时代消费者

生活形态的变化而提出的一种全新的消费者行为分析模型，强调各个环节的切入，紧扣用户体验。我们以 AISAS 模式为例，来将产品或服务跟用户发生关系的过程常识化并提供答案营销的内容传播。

AISAS 所代表的五个单词分别是：attention——注意；interest——兴趣；search——搜索；action——行动；share——分享。

AISAS 模式最简单的执行模式就是：当我们分解产品或服务常识时，在每一个行为动词前面加上一个 why（为什么）；而当我们开展营销时，则在每一个行为动词前面加上一个 how（如何）。

营销人值得注意的几个 why：

为什么能引起用户注意？——基于产品基本功能的常识化分解，让用户在特定的场合能够接触其产品或服务功能信息。大多数用户第一次注意到一个新的产品或服务的，主要都是从产品核心功能的核心应用场景开始的。

为什么能够让用户产生兴趣？——基于产品附加属性的常识化分解，赋予产品/品牌有趣、有特殊意义的文化内涵，创造“我们不一样”的差异化呈现，往往让用户兴趣陡增。

为什么用户会主动搜索？——基于产品或服务应用场景的常识化分解，挖掘用户的使用场景并将其常识化分享。例如，当用户开始了解某个品牌的智能锁，他可能会去各个地方查找“××智能锁怎么用”的相关信息，希望能找到适合自己的场景关联，然后判断自己的需求是否吻合。

为什么能够激活用户购买？——基于产品或服务结合消费升级的常识化分解，让用户的潜在需求进化为即刻需求。用户通过前期对产品或服务相关知识与应用场景常识的了解，会主动关联到自己的需求中来，并主动确认是否需要购买。

为什么用户乐意分享？——当用户感知产品或服务帮助他解决了实际问题或完成需求目标的时候，用户首先获得的是自我陶醉的成就感，会激发其分享的欲望，进而成为新的传播节点，引起他身边的其他人注意过来，并不断循环扩散。

围绕用户的消费行为模型，对产品或服务进行常识化分解，能够帮助用户快速在其需求场景中应用产品对应的常识。

接下来，我们以用友 · 友云采为例，按 AISAS 结构，尝试用答案营销的思路将产品常识化分解。

背景：2016 年 8 月 4 日友云采亮相中国企业互联网大会，百度指数未收录；网页相关结果约 26 300 个（结果完全偏向用友云，非友云采）；新闻 524 篇（只有亮相报道）；百度问答 1 条，贴吧无；文库 2 篇（仅有内容页提及）；百度经验无；微信指数未收录，公众号文章共 2 篇，最高阅读量 2 000；微博 1 条，文章阅读量 17；知乎文章 3 篇；今日头条 6 篇。

到 2017 年 6 月，网络上的少量信息，仅仅解答了一个问题：友云采是什么。

友云采是一个尚未大规模宣传的新产品，大量产品知识与应用常识需要提前通过答案预设来解决。基于此，我们站在用户的角度，针对用户对产品认知的进程规划预设了一系列常识化的推广问答，计划通过网络新闻、官方微博、微信公众号及部分高管个人自媒体及行业自媒体等渠道向目标用户群呈现。

第一问：这是什么东西？

问题是新产品或服务的出发基点，一个陌生的东西走进视野，必须在第一步得到认知，即通过核心功能诉求来拆解产品或服务，将功能需求点以常识的方式呈现给目标用户群体，并对产品或服务进行关联，答案应该围绕“这是一款 ×××（核心功能）的产品或服务，是由谁提供的产品或服务，提供给谁使用，能够帮助使用的人达成什么目标”来回答。相应的推广标题可以设置为“一篇图文带你认识友云采是干吗的”“采购人群的必备新武器——友云采”等。

第二问：这东西有什么用？

这个问题看上去跟第一个问题差不多，但第一个问题突出的是产品或服务的品牌诉求，用户的关注焦点在“事”，而不在“器”，第二个问题则是通过“器”来认知产品或服务，是基于应用常识的。

再好的产品或服务，也要先帮助用户解决需求痛点。这一问的答案和第一问的答案结合起来，用户对产品或服务与功能就开始形成关联。如果痛点不够痛，那么产品或服务就会变得可有可无，用户的感觉就是不痛不痒，就会无视。这时候相应的推广标题可以设置为“1 分钟看明白友云采如何实现云采购”“是时候迎接采购云时代告别传统 ERP 了”。

第三问：这东西给谁用？

产品或服务的普适性一定是在核心人群那里体现的，这群人为什么就要用这个产品或服务？

当用户习惯了使用某一类工具，就会变得固执，很难说服自己升级使用新工具，同类新工具就需要用特定的核心场景来引导用户关注，并通过用户场景的常识化来寻找这个特定的核心用户群体。相应的推广标题可以设置为“电商平台如何用友云采来提高采购效率”“友云采在 ×× 企业 / 行业的应用”。

第四问：这东西好用吗？

用户接触一个新产品或服务时，经常会心存疑惑，担心产品或服务并不能像描述的那样满足需求解决问题，普遍会有一个小心求证的过程。

用户被引导对产品或服务进行认知后，往往不会直接进入销售达成环节，此时我们需要营造产品或服务的大量口碑与场景案例。这时候的推广标题可以设置为“友云采使用技巧 ×× 招”“巧用友

云采破解 ×× 难题”。

第五问：怎么获得产品或服务？

购买前，用户往往还会经过一段时间的犹豫期，这时候，专业的数据 / 报告变得有威摄力，其他用户的口碑也是购买转化的催化剂。

在官方传播渠道与社会化媒体推广的案例中，植入当时用户是如何获得产品或服务的信息，基本上就足够。如果购买渠道比较特别，一定要考虑购买达成的便利性。

第六问：这东西要多少钱？

用户的时间成本、用户原来的解决方案所耗费的各项成本，以及用户因“困扰”所带来的负面情绪进而产生其他连锁反应，都是用户极大的成本，所以不要与用户在产品或服务的价格上纠缠太久。

另外，如果产品或服务的功能差异并不突出，可以尝试引导用户关注产品或服务的未来走向。

第七问：这东西还能用来做什么？

给用户“制造”意外惊喜有可能产生“买椟还珠”的功效，拓展的功能与场景对产品或服务的附加价值而言往往是品牌化提升，基于友云采的友空间主要为企业提供办公协同、沟通协作的环境，微博式的信息流、微信群式的即时团队交流都是这一环境下非常好的沟通呈现。产品或服务卖点的延展是多维的，既可以是某一类目标用户群的多种场景的扩展，也可以让更多目标用户群体及时延伸相应场景。

第八问：“我”如何介绍给身边需要的人？

所有的泛传播都要不断筛选目标对象，在财务 QQ 群里，可能有相当一部分是为财务人群提供服务的人，养生社群里也可能有相当一部分关心家里老人健康的中青年，这些人不是你一开始的服务对象，但也是随时可以转化成你的客户的群体。

当受众不需要，但觉得产品或服务还不错，想推荐给自己身边真正需要的人时，你该如何一句话向他介绍产品或服务？

越是非精准用户，其盲从心理越明显。使用过该产品或服务的人，会非常乐意为其做中转站帮助传递信息，介绍给周围的人，这是他们社交的一部分。让用户帮助传播，需要有专业的知识做支撑，并强化产品在人群 / 行业中的重要性，尤其值得注意的是，数据对这类传播是极具煽动性的。

常识是最容易跟目标用户群体发生关系的内容，接下来，我们将继续对产品属性、答案的类型与用户的认知路径进行答案分解，并选择合适的平台对答案进行铺设，以便更好地达到更长效的营销目标。

基于网络行为的答案分解

我们的营销最终都要面对用户，为用户群体提供服务，所以，针对产品或服务的答案分解不妨从目标用户群体的网络行为开始（见图8），懂得用户的行为方式，这样才能更好地提供针对性的答案内容。

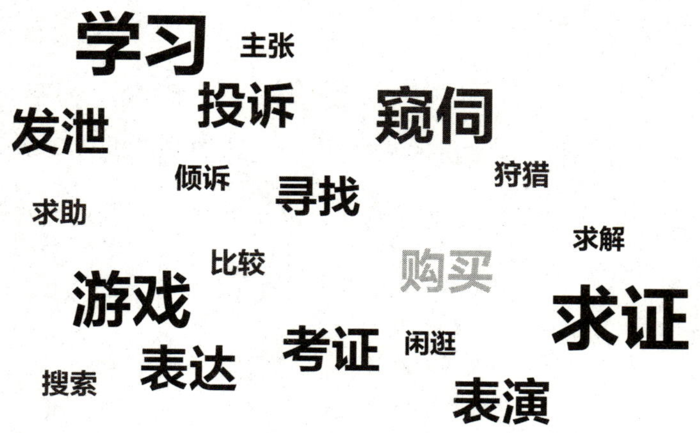

图8　用户网络行为标签

找到了用户群体的行为喜好，就找到了用户的价值取向之根。

一、用户的注意力被自己的需求引领

目标用户群体可能会很庞大，例如快消品，其目标用户群体可以是所有人。但你能在开展营销活动时针对所有人吗？

如果主要目标群体锁定为“90后”，这时候你能找到“90后”与你产品或服务相关的共同特点吗？用户的注意力常常都是被自己的需求引领的，用户目标越精准，用户需求就越明确，我们的营销就越有针对性，就越能精准地引起目标用户群体的关注，并由精准用户群体引发更大的影响力。

某财税互动社区在开展答案营销时，很具体地针对财税社区、财税相关QQ群、微博财税红人、知名财税自媒体、互动问答社区等几类受众用户群体分别开展内容规划，根据每个用户群体聚合的不同平台的特点，分析不同平台用户的行为特征，针对性地开展相应的答案布局，通过用户最关心的问题，逐步引导用户进入该社区聆听专家讲座及参与互动。

人以群分，我们的目标用户群也都是一样聚集在这样那样的网络平台上。作为营销人，我们要做的更多的就是用心梳理自己的目标用户群体与行为特征、群体聚集的平台与平台特征，找到产品或服务的卖点，再展开针对性的答案预埋与问题关联，以激活更多用户群体的关注。

二、巧用正向激励引导用户兴趣

一些人只是想看看，一些人乐于参与讨论，一些人喜欢动辄求助求教，还有一些人可能乐于分享。但只要引起人的关注，我们的营销就有开展的内在动力。

人的大脑中有个下丘脑和脑垂体杏仁核，它可以产生、识别并调节情绪，还可以控制学习和记忆，当你遇到让你兴奋的人或事，杏仁核就会分泌一种叫多巴胺的神经化合物，这种化合物可以激活大脑的回路，产生兴奋快乐的感觉。可以带给我们刺激与快感的事物，心理学上叫正向反馈或正向激励。

1. 正向激励引发兴趣

生活中，各种人和事都可能刺激人的多巴胺分泌水平，如游戏、音乐、艺术、体育运动、酒精等，令人们感到刺激和愉快。但是，随着同类刺激的增加，多巴胺的分泌会呈现下降趋势，此时人们只有得到更新奇而强烈的刺激才能体验同样的愉悦感，如此反复，兴趣就产生了。

兴趣是最好的老师，也是最好的营销手段，有没有想到你的产品如何引发用户的兴趣呢？

某品牌商投放的广告，第一天整个版面只提了一下广告语，四处留白，但给观众提出一个问题（或者叫明确提示）：明天同一版有更重要的消息。第二天“诱敌深入”继续铺设悬念。第三天再来一个充满创意的广告，推销自己的关联产品或服务。这种广告的成本比较大，但宣传成效和联动作用相比那些偶尔刷一下存在感的广告要好得多。

还记得著名的“巴甫洛夫的狗”实验吗？这是一项基于条件反射的实验：狗最初只对肉感兴趣，肉可以给它提供正向激励，让它填饱肚子并感受到愉快，肉的颜色、形状、气味触发了狗的多巴胺分泌。随着另一个刺激源——铃声的加入，每次在给狗喂食物时先拉响铃声，如此反复几次后，只要铃声响起，狗就会流口水。这是经典的条件反射实验，但同时也创造了一个新的观点，即兴趣可以被创造并转移，只需要将新的刺激源与原来的正向刺激源进行混搭即可。

很多人在生活、工作中表现出的迷茫，很大程度上不是因为兴趣匮乏，而是经历匮乏、视野局限、少不经事，所以才迷茫。所以只有正向激励人们先经历某事，获得了刺激反馈，人们才知道这是不是自己喜欢的。为什么坚持运动健身这么难？因为这是一项需要长时间坚持下来才能看到正向激励的运动，短期内我们无法看到身体明显的变化。KEEP、乐动力这样的运动 App 用可视化的数据让你看到身体每天的数字变化，从而刺激用户希望下一次的数据更漂亮，以此带来更多的预期。正因为这些跳动的数字，很多人宁愿舍近求远在线上付费选择教练而不愿去附近的健身中心。

2. 新鲜刺激维持兴趣

当人类的大脑接收到新的事物刺激时，多巴胺分泌数量就会增加，小到一条消息、一本新书、一件衣服、一款游戏，大到一辆新车、一栋新房，不断更新正向刺激事件的结果就是人们的多巴胺分泌水平提升了，人们开始不断地寻找新的刺激。所以，人们的各种“第一次”都会让其产生兴奋，而曾经令自己兴奋的物品再次出现时就会变得平淡无奇。在给用户提供的营销答案中，同一个产品，同一项服务，每次给用户呈现的时候都要有新的元素并且元素要突出，让用户的兴趣增加。在做营销答案铺设时，我们的答案需要从更多维度去对用户痛点与产品或服务卖点进行分解，向具有多面性的用户呈现一系列多维的答案，让用户感受到更多的新鲜刺激，以维持对营销主体的兴趣。

三、引导用户搜索的必要内容

受众经过听说与了解后，兴趣一旦被激活，接下来的动作常常会是主动搜索。对于企业产品或服务来讲，一旦用户进入主动搜索阶段，就代表用户已进入“越了解，越信赖”的兴趣阶段，接下来要做的就是引导用户对产品或服务进行求证及购买转化。

引导搜索主要有两个方向：

第一，搜索关键词。产品或服务推广初期，用户对产品或服务还处于陌生阶段，即使明白了产品或服务具有某种核心功能，也需要进一步了解产品或服务如何操作使用，通过什么原理实现其功用，以及产品或服务相应的安全性求证等诸多信息。因此提前通过合适的信息渠道，利用产品或服务、品牌、功能等核心关键词向用户传递产品真实全面的信息成为必要的操作。

第二，搜索购买渠道。如果产品或服务只在特定的平台进行交易，例如官网，那么我们非常有必要借助搜索引擎的问答渠道、新闻、公众号等收录良好的信息平台，来铺设关于产品或服务购买的相关信息，在各渠道植入购买渠道相关的引导内容。

通过初期的答案铺设与营销活动在用户心中建立先入为主的印象，在某个细分领域抢占用户心智，占领核心关键词，接下来就可以更好地引导用户实现购买。

四、用保障措施引导用户买单

用户是“懒”的，一些人在微信朋友圈中的微商城购买朋友推荐的商品，填个收货地址都嫌麻烦，因为每次登录一个微商城都得重新填一遍账号密码。

最初的凡客没有像支付宝这样的第三方信用保障机制，货到付款是大家乐意在凡客购买衣服的重要原因。而淘宝、天猫借助支付宝这个第三方信用保障工具，并培养起用户移动支付的消费习惯后，挤占缺乏信用保障机制的商城份额是自然而然的事。不需要第三方信用保障直接付款不是更省事吗？当大家不断地在一些地方遭遇购物陷阱、投诉无门后，就会知道后果有多严重了。在某作家怒怼一电商平台的文章中，对其商业信用保障体系的抨击引起了许多老用户的共鸣，而正是这个缺失，助长了平台上不良商家的风头，而平台终究会为这份缺失买单。

五、激励用户分享的渠道

用户为什么愿意分享？用户分享的主要动机有这几类：

（1）竞争或炫耀，如知识竞答；

（2）觉得有趣或者吸引眼球的，如旅游、化妆、P图；

（3）展示优越感或希望获得好处，如分享获赞赢奖励；

（4）表明自己态度、立场，如读书、参加活动；

（5）能够给身边的人带来帮助，如常识技巧、专业观点。

一个人在朋友圈分享了一张自己参加某在线培训学习的海报，其心理状态一定是复杂多样的：首先，他心里一定是想要得到同事或好友称赞的，称赞能让他获得满足感，这是原始动机；其次，发这张海报，他可能还希望得到公司领导的回应，向领导表达自己在不断进步，以期待获得更多的晋升机会的愿望，即这种分享成为他无意中的一个表态或立场，也相当于给自己贴上相应的“上进”标签；最后，他还可能希望看到他朋友圈动态的朋友中，有对这个培训有兴趣的人一起去学习。

一般来说，只要是对企业或品牌传播有益的激励分享措施，都可以进行尝试，说不定它随时可能转化为新一轮的营销手段，你说呢？

六、种子用户与印随行为

我们花那么多时间与精力去给用户做每个不同阶段的需求分解，只是为了让我们的营销能够在更大范围内精准地打动目标用户群体，达成营销预期目标。

在营销过程中，有一件事情是非常值得去做的，就是制造“种子用户”，并利用各种运营手段激活“种子用户”带动更多用户的印随行为。种子用户不一定是初始用户，而可以是相对活跃、有一定影响力的用户。运营的目标是要促使“种子用户”参与到产品反馈建议中来，并分享相关经验影响其他用户。

什么是印随行为？一些刚孵化出来不久的幼鸟和刚生下来的哺乳动物，它们会学着认识并跟随它们所见到的第一个移动的物体，通常是它们的母亲，这就是印随行为。刚孵化的小天鹅如果第一次看到的是母鸡，也会跟着母鸡走动、觅食。

印随是生物学概念，印随学习是动物出生后最早期的学习方式，具有特定的敏感期。印随学习和其他学习行为的重要区别是：第一，印随学习只需要少量的经验信息就可以达成，一旦学成，就可以保持较长时间，很难改变；第二，印随学习只能在特定时期如出生后的一段时间内完成，称为临界期或敏感期，过了敏感期，印随学习能力就会衰退、消失。

我们的用户（尤其是种子用户）也有类似的印随行为。我们必须花足够的时间培养用户认知产品或服务的每个重要特点，好让他们成为更多用户印随行为的范本。

产品或服务营销想达到印随效应，要满足两个条件：一是要找到处于敏感期的目标人群（种子用户）；二是将目标人群的实际需求与自己的产品或服务建立联系，用精准的语言、好的呈现方式在认知过程中引导他们接收常识化的产品或服务信息，并配合运营手段增强其自我认同感，加深对产品或服务的认可及依赖。

锱铢必较与需求穷尽

用户需求会在营销活动开展的短时间内引爆，但随着时间的推移，会有更多“后知后觉”的潜在用户不断加入我们的精准用户行列中来，长尾用户积累起来的成交量也是非常可观的。对于需求分解也一样，除了产品或服务的核心卖点与核心用户群体外，更多的用户第一时间想到能够帮他们解决问题的不一定是你的产品或服务，用户也许压根儿就没想好要怎么解决问题，也就是说，还有更多的产品或服务的卖点与应用场景等待分解并向用户呈现，有更多的大好局面等待我们去开拓。

在完成核心目标用户群体的挖掘之后，根据企业发展战略或产品扩张策略再挖掘出更多潜在用户群体，目标用户群体一经扩展，能创造出不可思议的新商机。“小黄车”ofo 是新用户群体的贡献超越最初的核心目标用户群体的贡献的经典案例。2014 年，北大毕业生戴威与张巳丁等 4 名合伙人共同创立 ofo，致力于解决大学校园的出行问题。2015 年 6 月，ofo 共享计划推出，在北大校园推出 2 000 辆共享单车，取得极大积极反响。2016 年完成 C 轮融资后，他们开始尝试将用户群目标扩展到社会用户，开展社会化运营，先从北京、上海两地开始，在白领扎堆的地方和住宅密集地几百辆规模地小范围试点投放，结果大获成功，并一举引领了国内短途骑行市场的共享风潮，改变了人们的短途出行方式。短短一年后的 2017 年 3 月 21 日，ofo 宣布日订单超过 1 000 万单，10 月 20 日宣布日订单突破 3 200 万单，到 2018 年 3 月新一轮 8.66 亿美元融资后，ofo 估值达到 20 亿美元。创业初衷只是解决校园内的出行问题，但凭借其合伙人超前的共享理念及勇于开拓新用户的尝试，共享单车的市场空间扩大了无数倍，造福了更多人。

新用户的开拓与产品或服务首次面向市场一样，用户群体的认知过程充满无数他们想知道的问题：

这是什么东西？——这是一个听说的过程，这个过程的核心是突出品牌关键词。因为人们在交流一件新事物时，首先会问：你听说过 ×× 吗？

这东西有什么用？——产品核心功能定位，最重要的是让用户记住产品或服务的核心功能。人们在开始沟通后就会问：这东西有什么用呢？

这东西好用吗？——当人们接触到一个新事物时，最容易想到的就是跟之前类似功能的事物进行比较。要脱颖而出，就要找到产品卖点的优势。

我需要它吗？——用户已经对该事物有了基础的了解，对产品或服务也就产生了一定的认知。当人们通过身边的人或网络搜索深入了解这个新事物时，会植入一种潜意识：我想拥有它。这个过程相当于精准用户的筛选，需要考虑的不仅是潜在用户对产品或服务的深度兴趣，还要尽可能多地融入用户的使用场景，让产品或服务跟用户发生可感知的关系。

有保障吗？——人们对于新事物总会有一个猜疑和不断求证的过程，总会有各种各样的担心，担心产品安全、售后服务等。毕竟，用户要付出金钱成本与时间成本去获得这一事物，有必要考虑更多的问题以解除后顾之忧。

这东西哪里有？——大量的信息在跟用户发生关系，用户开始认可产品或服务了，于是开始寻找购买相关的线索。销售是商业的本质，为达成销售，我们做了那么多前戏，怎么能在最要命的目标出差错呢？让用户快速方便地获得产品或服务，就是重中之重。

这东西多少钱？——决定下单购买前，大多数用户都会有些迟疑，哪怕跟可替代品比价确认想要后，还是会疑虑：这东西究竟值多少钱？值不值这么多钱？

这东西能解决问题，不错，有意思，很好。——任何一个用户都可能成为我们的潜在用户群体的节点，也都可能成为我们产品或服务在他的社交圈的信任代理。所以我们经常看到各种微博、朋友圈的分享、求赞。这些评价一类是用户自主的分享，表明用户感受到了更好的产品或服务体验或价值；一类是营销手段激励的分享与评论，是用户为获得激励的动作。

每个人都是消费者，也是各类产品或服务的潜在用户。消费者常常只是想（初始需求），并没有想要；消费者有想要的想法（需求确立），但不会一开始就明确想要什么（能够达成目标的工具、方法都可以）；如果消费者知道想要什么（具体达成目标的方法即答案），他剩下的工作就是求证并成交（见图 9）。

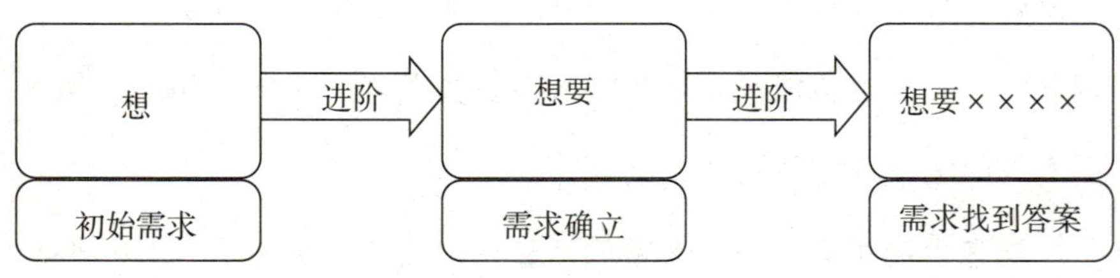

图 9　用户的需求进阶

“我想玩游戏”“我要用手机玩游戏”与“我要用苹果手机玩游戏”是几个完全不同的概念：“想玩游戏”是抽象需求；“用手机玩”是对最初始需求做出的选择反应；“用苹果手机”是精准需求，是基于对手机品牌的各种了解后的直接指向。最后，用户只需要找到各种验证“用苹果手机玩游戏”的好处来求证即可确定购买行为。

是什么在影响用户的明确需求确立？用户对一个产品或服务的选择标准是什么？真的都是基于基础功能吗？显然不是。

用户的选择标准有哪些呢？清楚了用户的选择标准，我们才好为之提供营销答案。

图10的视力表中都是一些抽象的、常识化的、被最广泛的“95后”“00后”接受的语言描述。也就是说，大多数用户尤其是年轻用户群体在选择产品或服务的时候，大多是以抽象需求的方式去了解产品或服务的，而商家要做的，就是把产品或服务的具象逻辑赋予这些抽象需求，然后整理成相应的答案呈现给用户，尤其是新生代目标用户群。

重要 奢侈 活力 卫生 期盼

惊喜 神奇 疯狂 威武 美味

好玩 简约 直接 可爱 高调

时尚 自然 耐用 流行 温馨

节能 真实 轻便 耐用 快速

红火 精美 高效 新奇 智能

有趣 刺激 经典 科学 舒服

实惠 可靠 高端 潜力 环保

个性 畅销 成功 简单 好用

安全 健康 专业 实用 划算

图10 产品卖点与用户选择标准视力表

从“比心”“点赞之交”“打 call”等生动形象的社交词汇到 666、999、2333 等看上去不知所云的“数字密码”，再到“敲”“造”“方”等表达情绪的新鲜用法，听不懂“95 后”在说什么的“60 后”“70 后”和“80 后”们有没有“感受到一万点伤害”？其实“95 后”的这些行为跟“80 后”“90 后”在 QQ 与 BBS 火热的年代大玩各种“火星文”没有本质区别，是特定的群体受环境影响的一种无意识的群体狂欢行为，即不同社会和历史情境中，符合各自时代的语言实践。这些新词语，真实地记录下了“95 后”的新文化生态。听懂他们的语言，走进他们的内心，了解年轻一代的真实想法，已经成为全社会的迫切愿望。

QQ 大数据 2016 年发布《“95 后”审美观》，报告显示：32% 的“95 前”与 39% 的“95 后”接受男性日常化妆，“95 后”的女生最爱化卖萌妆；大部分“95 后”接受他人美容，但超过 50% 的人不接受喜欢的另一半整容；“95 后”30% 以上的月收入用来穿衣打扮，钟情个性的印花，喜欢的颜色却是黑（18%）、白（13%）、灰（12%）；“95 后”的男生最爱买的内裤颜色是黑色，但仅次于黑色（10%）的是粉色（2%）；“95 后”的脸蛋基本都被名牌化妆品承包，但对于包包和衣服却无所谓什么品牌；“95 后”更在意别人对自己审美的认同，有 56% 的人认为自己的审美受到身边朋友的影响，52% 的人在审美打扮上有困扰，60% 的人不知道如何提升自己的审美品味。

极光大数据 2017 年 11 月发布《“85 前”“85 后”“95 后”群体画像》，报告显示：超过 3 成的“95 后”了解信息的渠道为搜索引擎、社交圈与公众号、新闻客户端，其中一线城市“95 后”更依赖社交圈与公众号，三四线城市“95 后”更依赖搜索引擎；“95 后”关注前五的内容依次为电影电视、综艺娱乐、网络科技、游戏电竞、动漫；43.5% 的“95 后”认为自己这一代与 10 年前出生的上一代差不多，自信心爆棚，但对“05 后”晚辈的认可度较低，只有 19.9% 的“95 后”认为“05 后”晚辈比自己更优秀；“95 后”的消费观念更积极，26.8% 的人认为行乐要及时，必要时可以透支消费，并且 67.9% 的“95 后”在网购时最容易受商品好评的影响，其次才是商品价格与品牌知名度。

199IT 中文互联网数据资讯中心在 2017 年 5 月发布基于 QQ 社交指数的《“95 后”兴趣报告：揭秘“95 后”的最爱》，报告显示：73% 的“95 后”有自己的兴趣，音乐和游戏是两个最大的兴趣点；85% 的“95 后”都为兴趣花过钱，游戏是最大的花钱渠道，其次是音乐、阅读、运动、动漫、影视。在职业选择中，62% 的“95 后”把“符合个人兴趣”列在第一位，近 25% 的“95 后”直言不讳地表示“轻松简单的工作内容”很重要，而且最好与专业对口。60% 的“95 后”为兴趣付费的金额在 0 ~ 1 000 元的区间，其中又以 0 ~ 500 元居多，这个数字基本上也与“95 后”所处经济大环境吻合，3 000 元是一个坎，3 000 元以上就比较少了；值得一提的是，有 5% 的“95 后”愿意为兴趣付费超过 3 万元，兴趣支出的大头来自购置装备（服装、器具、器材等）和虚拟货币（充点卡、为主播献花等）。

年轻用户群体的抽象需求通过这些数据报告可以得到挖掘，他们的个性化需求最强烈，这些个性化需求同时又对其他群体产生影响。

值得注意的是，一个更多元化的社交趋势可能正在产生。据英国《每日邮报》报道，诸如脸书、推特一类的社交平台正在见证大批用户成群结队地永久性关闭他们的账号。许多人表示，他们退出社交媒体是由于他们觉得那是在浪费时间。根据一家调查公司报告：41% 的受访者认为他们在社交媒体上浪费太多时间；35% 的人发现那里消极情绪太多；22% 的用户表示他们想保留更多隐私；其他原因还包括不常使用及不再对内容感兴趣等。根据大数据公司 Pivotal 的分析数据，用户花在脸书上的时间少了 24%，脸书的姊妹公司 Instagram 也见证了参与人数的减少。

目前国内几大头部社交应用的用户增量也已经接近天花板，用户们，尤其是对未知充满好奇与新鲜感的年轻人也正逐步进入疲倦期。社交不会灭，但很难说不会随时换一种新的方式存在，而“95 后”“00 后”必将引领风向。

潜意识与记忆重构

一、激活用户潜意识

潜意识是人没有自主意识到的心理活动，是人的动机、意图的源泉。一方面，人们的潜意识想当然地希望通过自己的思想、想法、所希望实施的计划和意愿来实现目标；另一方面，人们的潜意识又受到许多限制，它不但受到自我保护意识的影响，受到人们曾经历过的正反两方面冲动的影响，还要受到人们被排斥、被打击的过往经历的影响。

一些人发现自己的错误或者不妥当行为后都会感叹：我当时怎么没有意识到呢？这些我明明都知道的啊！一些商家正是从用户的这种无意识中获利，不断地向用户进行广告宣传，让用户购买他们的产品或服务，哪怕是用户根本不需要的产品。

假如真的按照“本我”的潜意识需求来的话，人们只管天天吃喝玩乐醉生梦死即可，但这算是什么生理满足感和心理幸福感呢？为什么一些违法的事情屡禁不止仍在发生？因为总有一些人经受不住这样那样的潜意识诱惑。对商业营销活动来讲，引导用户潜意识理应成为商业应有的社会责任。一件商品如果成为潮流，那一定是所有人喜闻乐见的事，潮流常常体现的是一定社会阶段的积极正能量；一件商品如果成天被疯狂抢购，不是商家有问题就是用户有问题，正所谓物极必反也。

当用户潜意识里的“我”对自己的现状感到不满的时候，显性思维中的“我”如果还是要自欺欺人蒙蔽自我，生理上就会出现焦躁不安的现象，如果显性思维中的“我”顺应了潜意识的“我”，去反思现状，探索问题，寻求方案，就会感到豁然开朗，所以，我们的营销行为要用心去提供更妥善的方案帮助用户解决问题，帮助用户走出焦虑。

美国有一种被全面禁止的广告：潜意识广告。

广告商在某个电影里面每隔一定的帧数加入一个产品的图片（例如某可乐），观众并不能从意识层面感受到自己看到了某可乐的图片，但是这个图片会进入大家的潜意识，当观众从电影院出来的时候，很多观众会觉得非常想喝可乐，对可乐有很强的购买欲望。

这个广告涉嫌操纵人们的记忆，被认定存在伦理问题，已经被法律禁止了。但这件事情从另一个方面表明：记忆是可以通过某些手段改变的。

2014 年美国消费者心理学会的 Park 奖颁给了 2011 年的一篇文章 *Unconscious Transfer of Meaning to Brands*。其论文相关的实验在香港大学进行。

实验过程为：电脑快速在一堆汉字间切换，只有在显示“黑”或者“白”这两个字时，参与者才按下按键，在出现汉字“黑”或“白”之前，电脑屏幕其实分别显示两个虚构的中文品牌名称，但是虚构品牌的显示时间只有 26 毫秒，因此参与者来不及意识到他们看到的这两个品牌名称。在这个实验后，再请观众为可乐和豆奶分别选一个品牌名称，结果发现：选择豆奶时，参与者均不喜欢在“黑”字前出现的品牌名称；选择可乐时，参与者均不喜欢在“白”字前出现的品牌名称。

这篇论文的结论是：即使人们认为自己没看见虚构品牌的名称，但 26 毫秒的短暂显示足以在他们的脑海中形成颜色和虚构品牌间的联系，影响到他们对品牌名称的直觉。

所以，当有人用一个假设的前提向你提问时，小心，他正在悄悄地修改你的记忆。

同理，我们在营销设计中一方面融入一些心理暗示，一方面抚慰用户“焦虑的心灵”，适当的紧迫感也会让用户担心失去机会的潜意识更容易被激活而立刻做出决定。

二、用户记忆重构

记忆是原先的刺激不复存在时所保持的有关刺激、时间、意象、观念等信息的心理机能，是个体对其经验的识记、保持、回忆或再认。个体的大部分记忆都是在最初接受信息时形成的，即第一印象。随着个体经验的增多，个体对事物的记忆与认识会发生一定的改变，这时形成的记忆就是重构性记忆。即重构性记忆是对原初记忆的重新组合和加工。

美国学者罗杰·霍克的著作《改变心理学的 40 项研究》中提出了一个观点：回忆是一种对实际发生的事件的一种重构。她指出，人们的记忆并不像自己所认为的那么稳定，经过一段时间后，它们是会调整和改变的。所以，如果你跟别人讲述 5 年前的度假故事，你认为你是按照它当时发生的情景来描述的，但事实可能并非如此。或许你已经用了很多来源于其他地方的信息重新构建了你的记忆，其来源可能是你前几次对它的讲述、这一次或别的假期中的其他经历，也可能是你过去看过的一部在你度假的地方拍摄的电影等。如果你在讲述某种体验时有另一个人在场，这个人当时与你一起度假，则可能出现令人惊讶的事情：对于你们两人同时见证的某一件事情，你们各自的叙述竟会如此的不同！

在司法程序中，当被告的命运可能由目击者的证词决定的时候，记忆的重新构建就变得至关重要。缘于这个原因，霍克在该记忆领域的很多研究都与法律上的目击者证词有关。在她的早期研究中，她发现提问中的细微差别都可能改变一个人对事件的记忆，例如问一个交通事故的目击者“你看到一个撞碎的车前灯了吗”或者“你看到那个撞碎的车前灯了吗”，即使事件中根本没有被撞碎的车前灯，在提出的问题中使用“那个”比使用“一个”会产生更多的肯定反应，使用“那个”预示着事故中的确出现了撞碎的车前灯，这样会使目击者在有关这个事件的记忆中加入一个新的元素。

这些实验表明，人们的记忆重构并不会将历史真实还原，而是基于历史要素的重新制造。为了让事情看上去更合理，人们往往通过“脑补”的方式，用虚构来填补记忆的空白。

在有预设的提问的前提下，记忆重构经常容易出现混淆视听甚至无中生有的可能。

在我们的营销活动中，重构用户记忆主要有以下三方面：

1. 品牌切入分类，重构用户记忆

某类产品或服务在消费者意识中已经被一个已有品牌固化了，要在同一品类中制造不一样的焦点，就要重构用户对于原来占据品类心智第一位的品牌的记忆认知，接受新的产品或服务认知替代原来的记忆。如共享单车的红、黄、蓝、绿等七彩颜色，每一种颜色代表不同品牌，并对应各自不同的特征诉求。有的诉求是覆盖率无处不在，有的卖点是好骑，还有的是可以自带手机充电功能。每一个新进入市场的同品类产品或服务都需要用它的特别诉求或卖点找到特定的用户群，以此切入市场获得认可，甚至从潜意识里改变用户对整个品类的全新认知。

2. 产品换代升级，重构用户记忆

品牌原有的定位已不符合市场发展的变化需求，而产品或服务核心功能提升受限，需要用更多“软件”来提升用户原有的记忆认知。诞生于1927年的专业运动品牌回力，启蒙了“70后”“80后”对流行和时尚的最初感知。随着全民健身的兴起，回力给自己的定位为运动休闲品牌。2008年网上流传的好莱坞明星偶然被发现穿着回力的趣闻，让这个几十年的老品牌重新回归年轻人的视野。回力抓住2008年奥运会、2010年世博会的机会，将“开放式”设计的大门敞开给在沪学生，把时尚运动的理念植入年轻人脑中，改变了大批用户对回力已有的旧的认知。除了产品本身具有“制造精工、质量精湛、款式精致、服务精到”等硬件外，更重要的是用口碑、传说、故事等软件来讲述今天的品牌理念，方能更好地与年轻人沟通，让消费者再次回归。

3. 产品危机公关，重构用户记忆

企业生产、品牌经营、商品销售等，相应的环节数不胜数并且随时可能变化，谁都无法保证在每一个环节时时刻刻都做到天衣无缝，只能最大力度去保障最优化，用制度去制约，用绩效去激励。但不管怎样，商业因为无处不在的利益诉求，难免会上演各种“危机门”。2010年7月28日，北京市工商局在官方网站上公布的当年流通领域服装类商品质量监测结果，本是一个普通得不能再普通

的例行抽检报告，但对于七匹狼来说，从那一刻开始，便站上了舆论的风口浪尖；2013 年农夫山泉因“质量门”事件，其桶装水在北京市场被下架，所幸这些企业最终都借助有力的公关行动挺了过来，用他们的行动不断向用户提供经得起市场检验的产品，给用户呈送满意的营销答卷，重构了用户记忆中破损的印象。

答案的几种类型

一、系统答案、碎片答案与即时答案

根据用户获取答案的渠道、时效性等因素，答案大致分为三大类型，即系统答案、碎片答案、即时答案。

系统答案即对某个问题进行多角度的完整解答，是信息元素充分经得起检验的答案。其主要是指围绕一款产品或服务相关的综合信息，人们通过这个答案能够对产品或服务进行多方面的了解并对之后的行为决策产生作用。常见于百科、官方网站。用户想要快速了解一个听说过但没有使用过的新产品或服务比较全面的介绍时，系统答案将成为用户建立信任的最重要信息源。

碎片答案即对某个问题基于某一方面知识相关的答案，常常只能用来作为参考答案，需要获得更多的参考答案才能对问题提供完整答案。常见于开放的问答、社区、微博及社交等平台，体现为答案提供者快速向用户传递关于产品的某一方面答案，如用户通过问答平台、BBS 对产品的某一个性能特点提出问题，由使用过该产品的人给予答案；用户通过微博对服务的某个环节提出问题，获得商家或好友给予的答案等。

即时答案是基于社交平台的即时互动性要求，针对用户即时发出的各类需求问题进行的答案跟随，即时为用户需求提供相应的答案，这个答案可以是系统性的答案，但大多是碎片化的答案，因为这类答案更强调解决方案的及时性。用户在即将决策下单购买某个意向产品前，可以通过微博、朋友圈或社群、QQ 群等社交渠道，提出某方面的问题，希望得到朋友们给予证实或确认。

二、答案的分类

每一个聚集用户群体的网络平台都具有不同的特点，人群的网络语言与行为习惯也各不相同，相应的答案提供也需要具备不同的特点。根据主流的网络平台特点与互动的语言环境特点，又可以将答案细分为标准式答案、参考式答案、专业式答案、引导式答案、针对式答案、开放式答案、模糊式答案、封闭式答案等（见图 11）。

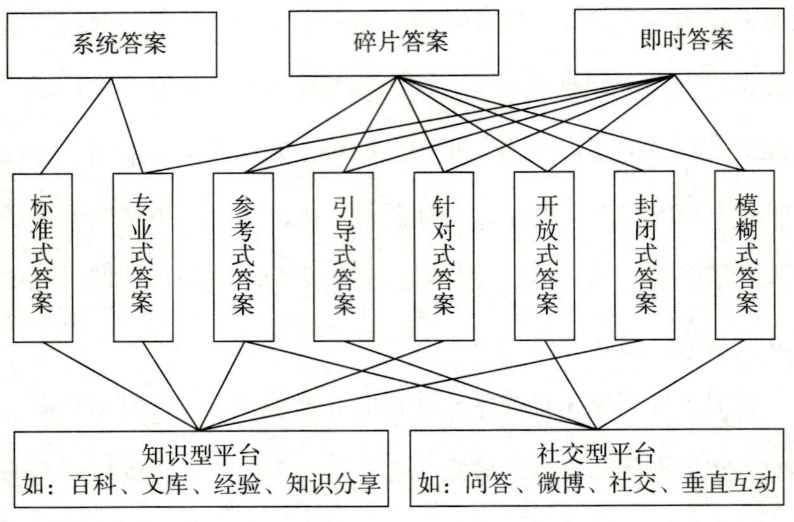

图 11　答案类型分解及对应的平台

标准式答案是对某一个问题进行完整的解答，并且这个解答能够被大众充分认可。传统的应试教育中，考试是教学结果的最直观的评定标准，所有的考题除了作文之外，几乎全都有着一致的标准答案。

例如用户通过搜索引擎了解“充电宝是什么原理”，标准式答案最容易出现的地方主要是百科（或科普网站）、官方网站的产品介绍页面，这两个是相对权重最高的来源，也是普通用户最信赖的答案出处，其他的诸如文库、经验、问答等出处大多是引自这些渠道延伸出的答案。

专业式答案是指用专业的术语和数据来回答用户提出的问题，或者由经过认证的专家或专业人士进行回答与专业内容相关问题的答案，也可以理解为内行式答案。因为社会分工不同，每个人都有自己擅长的专业或领域，用户能够体验到“对于我这个问题，专业人士是这么解答的”，缘于对专业人士或专业数据的信赖。

这类问题最常见于各种专业问答平台，如医问、法务在线、好孕帮等各种专业平台上大量的用户来咨询问题，目标就是希望获得专业人士提供的答案。在百度知道平台开放认证“行家”功能，数万名各行业领域专业人士通过认证并在线解答相关领域的用户问题。他们向用户提供的答案经常也是用户认可度极高的一类，在部分用户眼里就等于标准式答案。

参考式答案相对于标准式答案来说，常常会给用户一种非专业性或非权威性的回答，用户对这个答案的内容或提供答案的人有一定的不信任，是比较接近标准式答案的答案。

例如，用户在微博发起一个提问“想减肥，却对美食诱惑没有抵抗力怎么办”，这个时候如果减肥产品的商家发现了用户的问题，向用户提供的解决方案即参考式答案。对于用户来说，方法是多样可选的，无论我们提供的答案如何想向标准式答案靠拢，在用户这边就只是一个可参考项。如果我们的参考答案能够得到用户认可，则可变成用户想要的标准式答案。

引导式答案主要用于回答问题的营销人员不能确认用户的需求意向或者不能确定自己的答案是否正确，而给用户提供的一种参考引导，常常带有个人观点，并引导用户需求确认，或引导用户通过推荐的方式获得更科学的标准答案。

首先要理解问题，包括用户为什么要提这个问题，他已经知道什么，他还需要知道什么，并通过用户的提问了解对方的思维，以及接下来他可能会问到的下一个问题。

针对式答案也可以理解为片面回答问题，提供基于问题中某一个焦点的答案，即用户的一个问题包含有多种可能性的答案，或者同时提出多个问题，重点针对其中的某一个问题或问题的某一种可能性做重点回答。

例如，用户问某个设备在什么情况下需要喷漆或做某项保养？重新补漆是不是比原厂漆要差？这个时候，我们可能并不清楚该设备的具体情况，所以会针对不同的情况提供不同的解决方案，或针对某一个可能性提供答案。医生在咨询病人一些情况时会根据所了解问题的情况做出自己的判断，然后针对症状中的某一个可能认为是重点的症状提出解决方案。

开放式答案指生活工作中我们大多数问题可以找到的多种可替代方案，用户的某一个特定需求可能用不同的产品、不同的服务都可以达到接近一致的目标。

例如，当用户只是提出来想点个外卖，那他的诉求对应的就是一个开放式的答案。用户说想吃份麻辣烫，也可能有好几家麻辣烫外卖商家供选择，即便确定了某一个商家，仍然可能有多种套餐售卖。

封闭式答案经常源于封闭式提问，是指提问者提出的问题带有预设的答案，回答者的答案不需要展开，从而使提问者可以明确某些问题。封闭式提问一般在明确问题时使用，用来澄清事实，获取重点，缩小讨论范围。

例如，用户问："我在使用某产品的某个功能，是不是该××？"回答者只需要回答是或者不是。如果是，甚至都不用多说话，提问者即可确认问题的答案；如果不是，则可由回答问题的人提出解决方案。

模糊式答案基于矛盾和不确定性。一方面，大家对问题的理解有偏差，问题本身就存在各种不确定性；另一方面，提供解决问题答案的人自身对答案并不能确定。这类型的答案要尽可能少出现，模糊的答案大多相当于无效答案。

例如，"先有鸡还是先有蛋""妈妈和女友同时掉水里先救哪一个"的世界难题，每种回答的结果都是看似论据充分，但在实际情况下总会出现纰漏。

除去开放式答案和模糊式答案，其余类型的答案内容大多需要提前在网络中进行预埋（相对于即时答案，它们都属于过时答案），以方便用户随时搜索查阅。答案预埋的目标是将产品或服务变为用户生活工作常识的一部分，在用户需要的任何时间，以常识（解决问题的答案）的方式向用户呈现。

每一类答案都会在用户的认知过程中帮助他们解疑答惑，按答案的分布与功能性来总结就是：

系统答案（主要为标准式答案、专业式答案）可通过提前预埋的方式呈现在各类网络平台中，等待用户被激活关注后自主了解、求证及购买。

碎片答案（主要为除标准式答案与专业式答案之外的其他答案）主要在实时问答社区、社交互动平台进行互动传播，它能够帮助用户了解、产生兴趣并求证及顺利购买。

即时答案（主要为除标准式答案、封闭式答案之外的其他答案）在社群、社交互动平台随时向用户提供解决方案，引导用户听说、了解并产生兴趣、求证、购买及分享。

基于用户认知路径的答案分解

人们接触一个新产品或服务时，一般来说，首先会接收到的是广告性质的宣传或活动。

广告宣传是对用户需求最快、最直接的激活方式，具有“冰山模型”的特点，即“大众看到的东西其实只是全部的 20%，剩下 80% 藏在水面以下，不为人知”。那 80% 经常会是我们需要提前预埋好的营销答案。广告宣传、活动营销常常是作为引导用户听说、了解产品或服务的起点，即营销引爆点，真正长效催生用户自主认知行为的营销，一定是引导用户主动找到他们想要的“答案”。

思想决定行动。通常，用户的基本认知建立后，才能产生兴趣、发生购买行为等。用户对产品或服务的认知与行为路径正是商家要提供的答案分解路径。

一、听说阶段

在用户建立对产品或服务的任何认知之前，所有的关注都只是道听途说。通过散布于用户活跃渠道的碎片化信息，用户首次解决了“听说”问题。

这时候，来自百科、官网等平台的系统答案还没有机会派上用场。通过自媒体、新闻、社交平台等渠道对产品或服务概念进行泛投，基于品牌故事、产品或服务背景及核心功能等进行告知，用户群体“恰巧”知晓了产品或服务概念。

二、了解阶段

产品优势信息继续常识化扩散传播。这时候产品或服务的优势信息可能会吸引用户的注意力，也可能对用户造成信息干扰，但用户排斥心理已经开始弱化。结合之前“听说”接收的信息，用户此时对产品或服务概念形成了较深的印象。

这时候营销答案的布局仍不足以催生用户购买行为，需要通过挖掘应用场景卖点激活目标用户群体，让他们产生兴趣，兴趣是通往购买的核心要素。

三、兴趣阶段

如果产品或服务跟用户没关系，那怎么会让他产生浓厚的兴趣呢？

完成前两个阶段后，需要对产品或服务概念进行有序、有针对性的强化与梳理，不断地寻找跟用户发生关系的使用场景或故事，将产品或服务常识与知识结合到用户的更多场景中去。

产品优势信息不断强化巩固、应用场景不断扩展并关联后，用户可能会突然发现：这是一个好故事！我的生活和工作中好像也有类似的场景，是不是有必要深入了解一下？这时用户会加深对产品或服务的印象，并在他的潜意识里对这个产品或服务与同类产品或服务进行比较与排序。

四、求证阶段

用户开始比较，潜意识里会对最新接收的信息有优先权重的选择，但是还缺乏一锤定音的因素，即求证产品或服务是否真的如信息描述所言。

这时，产品或服务优势信息已经释放得差不多了，应该跟进目标用户的需求常识，提供大量第三方使用场景与成效案例或口碑，这些信息会提醒用户与产品或服务发生关系，用户在接收信息过程中会自主启动需求接入。

用户的心理不断变化，营销的答案方向也要从捕捉用户动向转向释放购买信息，用户此时将会形成购买预设的信号。

五、购买阶段

此时，用户会犹豫不决，处于停滞观望阶段。为了促使他们下定决心，一批促销手段应运而生。

一些较为理性的用户，那些促销手段不足以打动他们产生购买行为。他们还在观望什么？

他们在等待，等待意识里期待的另一种说服：权威。这时候，要用专业的逻辑和数据对他们进行说服，认同他们的理性，同时用内行的专业描述引导，激活他们的感性。

到这里，一个从听说到购买的完整路径基本成形。这个路径中的每一个用户的心理递进与行为变化，我们都需要有相应的答案去支撑。即使所有的路径通过一个系统答案就可以解决，也要在内容呈现中照顾到用户心理的微妙变化过程。

六、分享阶段

当人们获得自己想要的新事物时，愉悦感提升了。但分享的欲望未必有，怎么办？

有效的运营激励措施变得必要，例如淘宝商家惯用“五星好评截图返现金红包”，帮助用户找到“表达自我”的场景，在用户活跃的平台上营造有“归属感”的氛围，就是一个不错的实例。

在完成对应用户网络行为与产品或服务认知行为的营销答案制作之后，接下来，不同营销节点的答案在大规模营销启动前就需要预埋到用户所在平台中去了。

这些需要完成营销使命的答案，究竟要铺设到哪里去呢？

建设答案与用户发生关系的渠道

10多年前我认识了一个湖南老乡，当时他与妻子从东莞某日资厂的管理岗辞职返乡开网店，从2007年到2016年近10年间只卖一款医治麻疹的家传配方产品，这款产品伴随他走过了从手工加工到简单包装到成立生产企业再到注册品牌公司化运作的过程。两个人打理的网店，高峰时期月收入超过50万元。其间，除了站内商品标题优化之外，未参与任何形式的电商网站内付费推广，帮助他从零起步获得大量订单的营销方式正是站外大量的答案营销。

他经常雇请在校学生来兼职做问答营销与社群推广，在问答及知识平台、百科、文库、经验、贴吧、BBS等渠道做系统答案，向潜在用户群体传播有价值的专业信息；在社交网络、社群等即时互动渠道向用户提供碎片式答案，用心帮助潜在客户解决问题。很多客户因为社群口碑与网络口碑而主动索取相关产品信息，试用及批量购买，在取得良好使用效果后又在社交网络与社群中主动分享与互动。如此循环往复，他仅用两年时间就积累了非常好的口碑，尽管后来宣传投入减少，但销售额稳中有升，利润率大幅提升。

网络环境及媒体传播形式的多样化与移动社交化趋势仍在加剧，在纷繁复杂的网络空间，答案营销成为一种低成本投入却能更长效的营销模式，并将一直伴随人类的信息传播与发展。

带着营销目标的答案要铺设到哪里去呢?

一、前期营销答案铺设

在开展大规模营销宣传之前，根据已调研好的用户信息与平台特点，有步骤、有针对性地做好答案内容规划（听说→了解→喜欢→求证→购买→分享），然后在多个重点平台上开始布局营销的答案。

为了保证用户接受信息的路径最短，尽可能让带着问题的核心关键词关联产品或服务，并在各个平台独立形成完整的听说→了解→喜欢→求证→购买→分享通道闭环。

初期要在重点平台至少提供两套完整路径的营销答案：一组是基于核心功能与应用场景的答案，这是用户需求的原点；一组是以企业产品或品牌为核心关键词的答案，这是企业要扩张影响力的初衷。

营销推广平台并非越多越好，好的营销推广效果由两个方面的因素决定：一是切中目标用户痛点的内容（吻合用户群体需求，激活用户群体兴趣）；二是经过数据分析测试，有可靠的流量挖掘方式（当然必须是目标用户群体聚集的平台优先）。

因此，需要关注三类重点平台：

第一类是用户聚集数量可观的互动平台，例如微博、微信公众平台。如果目标用户大量聚集于微博平台，那铺设答案的首选是微博。在启动营销活动之前，开通官方微博，认证，“装修”好官方微博的页面，并用微博用户喜欢的内容表现形式如九宫图、视频等，制定好灵活的传播计划预埋营销答案（为避免用户懒于查找，前期尽量选择少而精的内容）。

第二类是用户只会在需要的时候去查阅信息的流量平台，例如百度知道、知乎等。目前来说，搜索引擎仍然是获取全网信息最好的入口，不管用户活跃在哪个社交平台，他们都需要用搜索引擎寻找他们想了解的信息。

在这些公共平台上，需要将产品“听说→了解→喜欢→求证→购买→分享”全过程的答案进行铺设，并且尽可能照顾到不同用户针对同一个问题而采用不同类型的提问方式进行铺设。提问时需要强调的是两个关键词——品牌关键词与核心功能关键词，这两个关键词最好轮流出现在标题与回答的答案中。

第三类是非常有必要布局的头部垂直社区平台，如汽车、旅游、律师、母婴、医疗、老年社区等。这类平台有个特点，所有的答案铺设都要借用户角度的“口碑”去呈现。

营销的答案也可以看作站外 SEO 的一部分，但答案铺设的平台不宜过多，不必像站外 SEO 要求的那样撒网。

在各大问答平台中，百度知道多做常识性的问答，知乎多做系统知识、科学知识的问答。百科理应成为必选，但可做的词条极有限，需谨慎应对。至于经验、文库等类型的常识或知识普及，应酌情布局。

前期的答案铺设还有几个需要关注的平台：网络新闻、官方网站等。很大一部分用户在接触一个新产品或服务时还是乐意去搜索相关新闻的，在他们看来，产品或服务“被报道”是一个值得被信任的要素。官网不用多说，代表企业对外关系的窗口是官方信息的权威出处。

二、产品发展不同阶段的答案铺设

经过前期对系统答案与碎片答案的基础铺设，关于产品或服务的完整答案已可以随时在用户需要的时候向用户呈现。需要注意的是，用户、平台、产品等环节都可能随时变化，所以在开展营销活动的同时需要继续碎片答案的铺设，并随时向被营销活动影响的用户提供即时答案，促进用户转化。

这里从三个产品阶段来探讨答案营销的跟进：

1. 产品萌芽期

虽然前期做了很多关于用户人群与用户需求调研的工作，但用户网络环境与网络行为无时不在变化，因而答案也要不断跟随这些变化验证并修正。

目标用户群体最活跃的平台是哪些，他们关心什么，都必须通过互动数据来检验确认。有些产品通过微博吸引的用户非常少，有些产品却可能吸引很多，有的产品在 QQ 群能够吸引大量的关注用户，有的产品却更适合在微信群与朋友圈做传播。每个平台都有自己的用户群体，他们有各自的特征与网络行为方式，这些都决定了开展营销答案铺设的重点与方式及展现形式可以多种多样。所以，在找到目标用户群的过程中，需要不断修正、调整并更有针对性地开展重点营销平台的答案铺设，将营销的答案铺成一张覆盖更广的网。

2. 产品发展期

这个阶段，产品在部分用户中已形成认知，培养出了“种子用户”，接下来的重点是充分激活平台上目标用户群体的需求。

首先，针对重点平台继续完善营销的答案链，拓展答案的维度，以图影响更广泛的群体，并在该平台形成热点被关注；接着，借助营销活动、KOL 开展用户对产品普遍认知的激活，方便用户在平台上轻松完成接收“听说→了解→喜欢→求证→购买→分享”答案的全过程。例如，借助微博活动、话题、粉丝头条、微任务、微博群等工具做答案的曝光与吸引，将用户引向营销诉求目标。如果有针对多个平台的营销策略，还要考虑平台间的相互促进与转化。这个时期，需兼顾之前确立的主要公共平台的答案优化与更新补充，同时帮助更多的潜在目标用户（如提问尚未采纳最佳答案的）获得解决其需求的答案。另外，要开拓更多新的平台，铺设营销的答案，但这些拓展主要是基于个人账号主体的答案铺设，所以答案的呈现多为用户“口碑”，而非官方。

3. 产品成熟期

随着大量有影响力的营销活动的相继开展，产品被认知的网络环境变得更好，企业的营销活动会变得更丰富，产品接触到的用户也越来越多，这时，反而要集中精力将少数渠道做专做精，营销效果才能最大化。

用户散布于各种网络平台，但企业的营销行为要进入哪一个平台，应当是一件很慎重的事，而不是带着企业公章到处去注册“占坑”，这样做难免让用户看到企业的“不专业”，反而认为这是一个营销公司。在布局重点平台之外，更多提供的应当是“口碑”的答案，重点需要解决的是听说、了解与求证。

目前，各种平台发展迅速，用户迁移成本低，跟着目标用户走肯定不会错。同时，要尽量低成本开展答案营销，但不要永远想着不花一分钱做营销。如果发现某个平台符合营销预期的目标用户增长迅速或用户活跃度提升较快，那么此时与平台合作开展营销的成本相对是较低的，一般来讲，平台都愿意跟企业合作共赢，将营销效果更大化。

常见问答与知识型网络平台

问，是一种普遍需求，可以追根溯源至“信息获取”这一基本需求，百度知道、知乎、悟空问答的大量数据都已证明了这个需求的广泛存在。

答，不是基本需求，但“沟通互动”是基本需求。人都有沟通互动的需求，所以我们有时候看到很多问题没有人回答，有些问题却能收到数千个答案，这一特点在社交网络上尤其明显。

Quora 网站是由脸书前雇员查理·切沃和亚当·安捷罗于 2009 年创办的问答 SNS（Social Networking Service，社交网络服务）产品，产品在未上线前就被估值 8 000 万美元。

Quora 的大火，除了建立起人与信息对接的原因，还因为该网站提供了高质量的答案。创业企业孵化机构 Y Combinator 的风投合伙人哈吉特·塔格在回答 Quora 的一个问题时说："我宁愿从 1 000 个高质量的内容来源那里获取信息，也不愿从来源更多的整合性渠道获取信息。"

Quora 的粉丝对其独特的订阅功能非常着迷，通过对问题、问题的答案或者回答问题的某些人的活动的订阅功能及投票和关注功能，Quora 打破了以往问答网站信息对接信息的模式，实现了信息与人的对接，让人们可以通过提问并对相同的问题感兴趣而结交、相互关注。

从事 SEO 工作的人都知道，目前用户看到的搜索结果中最多的内容除了百科可能就要数问答平台了，尤其是长尾关键词或者语句搜索。对于营销人员来说，高权重的问答网站为营销开辟了不同的战场。

一、国内主流问答平台

百度在 2005 年推出百度知道问答社区；谷歌 2007 年 8 月与国内知名大型 BBS 社区天涯宣布联合推出天涯问答，不过 2010 年 7 月后就终止与天涯问答社区的合作，而转头就在其官网推出谷歌问答。

百度知道因附着于搜索引擎这个网络入口，成为国内最重要的问答互助平台之一。百度知道主要是以用户主动需求为导向，有门槛低、用户数和问题数海量等特点，“海量”意味着更容易获得答案。平台上有各种激励用户、帮助用户解决问题的机制，同时这些问题的答案又会进一步作为网页搜索结果，提供给其他有类似疑问的用户，达到分享知识的效果。百度知道号称是全球最大的中文问答知识库，每天活跃注册用户超过 1.2 亿，平均每天有 3.8 亿人次在百度知道寻求帮助。

百度知道还推出品牌合作，大量企业、品牌、机构等通过品牌合作进入百度知道，为用户提供专业答案。如途虎养车进驻百度知道，大量解答用户关于用车、养车等与车相关的问题，品牌在提供答案的过程中不断植入，给发出汽车问题的用户创造良好的印象，成为其 App 的新用户重要来源。同时，百度知道还打造品牌栏目，如《知道日报》《知道多世界》《真相问答机》《知道大数据》及合作专题等，持续向网友提供高质量的知识和信息。

百度知道重要的是结果（答案，解决方案），这和企业营销的目标是一致的。

不过，在这样的平台上，生活便利信息占主流，属于浅层次的，提问者很少与回答形成强关系，无关乎答案的质量，有很多人是为了赚分做任务而不严谨地随意给出答案。百度知道可以大量解决快需求，快需求要求的是解答的频度和速度，而不追求内容的质量。所以百度知道的营销水军化比较严重，大量答案都是通过复制粘贴的方式给出的。

百度知道虽提供了用户得到答案的途径，可是大多数时候这个答案并不一定是你最想知道的，用户仍需要花大量的时间和精力去寻找和筛选优质答案。

以门户网站、搜索引擎为主体的综合性问答社区还有新浪爱问、搜狗问问、360 问答等。

除了门户网站，还有一类问答平台值得关注：垂直领域的问答社区。下面列出部分社区以供参考：

金巧问答（http://ask.jinqiao80.com/）

法律问答（http://www.5ask.cn/ask/）

法言（http://lawtalks.cn/）

暖通问吧（http://hvac8.com/iask.php）

千橡集团的车问（http://www.chewen.com/）

快速问医生（https://www.120ask.com/）

39 问医生（http://ask.39.net/）

寻医问药 – 有问必答（http://club.xywy.com/）

好大夫（http://www.haodf.com/）

育儿问答（http://ask.ci123.com/）

房天下（http://www.fang.com/）

极客起源（https://geekori.com/）

携程旅游问答（http://you.ctrip.com/asks/）

途牛问答（http://www.tuniu.com/wenda）

二、国内主流知识平台

说到知识平台，很多人首先可能想到知乎。其实还有百科、科技媒体、文库、经验 / 攻略、自媒体及学习平台等更丰富的知识平台值得关注。

知乎是国内学习 Quora 较为成功的问答网站，是一种混合网络，由个人结点和知识结点两种结点构成，大多通过知识将人进行连接。知乎比百度知道更聚焦，参考价值较大，这既是它的优点也是它的缺点，聚焦造成的是内容产生速度过慢和过分纵向发展。但知乎非常不错的一点是，每个用户都可以作为问题的答案提供者，每个问题都可以得到很多答案，自己的答案可以不断修改使其更加精确。

因为知乎的内容价值被广泛认可，知乎目前已成为微信搜一搜中“问答”类别的唯一内容输出平台。由于其知名度不断提高，知乎的优质问答获得用户认可后，经常能够得到大量的站外案例化传播。

知乎这种知识性的平台对营销而言，适合解决用户从认知到购买的过程中的知识性问题，这些问题的答案都需要知识性的内容呈现，任何一个产品或服务，它所需要向用户传递的常识首先是基于知识的，知识是对常识的求证。

其他知识输出平台与自媒体还有：

百科：百度百科、SOSO 百科、互动百科、360 百科。

自媒体：

百度百家号（https://baijiahao.baidu.com/）

一点资讯媒体平台（https://mp.yidianzixun.com/）

企鹅号（https://om.qq.com/userAuth/index）

UC 大鱼号（https://mp.dayu.com/）

今日头条号（https://mp.toutiao.com/）

网易自媒体号（http://mp.163.com/）

搜狐号（https://mp.sohu.com/mpfe/v3/login）

微信公众号（https://mp.weixin.qq.com/）

凤凰大风号（http://fhh.ifeng.com/login）

科技媒体：

品途商业评论（https://www.pintu360.com/）

亿欧（https://www.iyiou.com/）

派代网（http://www.paidai.com/）

钛媒体（http://www.tmtpost.com/）

虎嗅（https://www.huxiu.com/）

速途网（http://www.sootoo.com/）

砍柴网（http://www.ikanchai.com/）

I 黑马（http://www.iheima.com/）

雷锋网（https://www.leiphone.com/）

猎云网（http://www.lieyunwang.com/）

文库：百度文库、豆丁文库、道客巴巴、360doc、丁香文库、it168 文库、一览文库等。

经验 / 攻略：百度经验、马蜂窝旅游攻略等。

学习：网易公开课、腾讯课堂等。

三、微博依然是网络营销的重要战场

近几年，微博无疑是承载社会化营销任务最多的主战场，我们所策划、见证的各类热门营销活动，大多有微博的身影。

微博是较早受益于智能手机普及的社交媒体，移动端为微博赢得了广阔的空间，让人们将大量坐车闲暇、聚会空隙、会议、聚餐与活动甚至上厕所时的碎片时间充分利用起来，促进了人人都可以成为自媒体的意识觉醒。

2017 年第三季度微博财报数据显示，微博月活跃用户共 3.76 亿，与 2016 年同期相比增长 27%，其中移动端占比达 92%；日活跃用户 1.65 亿。第四季度微博月活跃用户达到 3.92 亿，移动端占比 93%；日活跃用户达到 1.72 亿。微博核心信息流产品形成“关系 + 兴趣”的矩阵，降低了用户的使用门槛，提升了中低频用户的留存和活跃度。微博还引入机器学习，重点开发基于用户兴趣的个性化推送和基于社交关系的提醒等手段，使老用户回归微博的规模显著提升。另外，微博近两年还启动了大规模视频化和垂直化战略，吸引众多优质内容创造者。

新浪微博数据中心发布的《2017 微博用户发展报告》显示，微博问答有邀请机制与付费机制，用户可以提出感兴趣的问题，邀请博主来翻牌，微博问答也为博主带来一定收益，丰富了微博知识变现方式。2017 年 1 月至9 月，微博问答累计回答问题数量超过 270 万条；目前，微博问答答题者主要集中在财经、娱乐、健康医疗、教育等领域。

目前，微博依然是聆听潜在用户群体心声的最好入口，能即时直面用户。

2018 年 5 月底，多位非大 V 用户在微博平台发起关注、转发活动，抽送豪车，其中一人转发量超过 369 万，粉丝增长 670 多万。通过这种大众喜闻乐见的活动所产生的巨大关注度，我们仍然能够非常清晰地看到，微博平台上用户活跃度甚高，其营销功能随时被挖掘并利用。

许多企业都需要通过微博为其产品或服务发声，微博正在成为替代官方网站的社会化窗口，也是企业在处理危机时最佳的公关场所，官方微博是这个企业在社交网络中活着的“十万个为什么”，能够为任何潜在目标用户提供动态的即时答案。

如何用好答案的长尾效应

答案营销可以是一种独立的网络营销手段，它要产生最好的效果还需要借助于其他的营销手段作为“引爆点”。

答案营销与其他的网络营销方式有什么不一样?

如果有某种营销方式能够在开展过一两次之后，在长时间内创造更多的长尾效应，带来更多的营销效果转化，那必定是一种好的营销方式。答案营销作为一种能够最大限度帮助企业激活目标用户群体从认知到购买全流程的营销方式，不仅在日常营销活动中帮助企业开展营销增加效果转化，也帮助企业节约了大量的客服与销售人员投入，为企业的营销带来巨大的长尾效应。

答案营销的使命是在用户聚合的平台帮助企业建立产品或服务与用户的连接，一旦建立了买卖双方的自动连接，营销的成本就可以忽略不计了。答案营销是做加法，做答案的加法，可以让众多的产品通过场景关联走向更多的目标受众，以此带来的长尾效应无处不在、无时不在；答案营销也是做减法，帮助企业节约长期的营销投入与客服投入，让每个用户都能自主通过答案链轻松成为“种子用户”型用户，节约大量营销成本与沟通成本，让目标指向更精确。

答案营销的客服效应

以往的营销方式，企业不仅需要投入大量的一线销售人员，还要成立专门的客服部门，电话客服、网络客服一样都不能少。在大型营销活动时，客服、销售等关键岗位人员常常不够用，每个人都要承担比平时巨大得多的工作量。

在销售与客服沟通环节中，大量的工作人员解决的核心问题主要是处理目标用户群体关于产品或服务从了解、兴趣、求证到购买的方方面面的问题。

今电商如此发达，为什么人们不再去找销售人员或打电话给客服进行咨询而是直接进入电商平台交易购买？难道他们就没有那些需要了解、求证的问题了吗？显然不是。用户大多数问题的答案已经被产品的介绍、详情、评价体系等集中解决了。一个好的产品详情页面就相当于一个完整的专题页面，代替客服或销售人员将产品或服务相关的关键问题的答案信息展示给用户。

如果你的产品款式不是很丰富，却需要安排很多在线客服人员来解答用户的各种问题，那说明你在向目标用户提供答案方面做得远远不够。

用户都是聪明人，不在不得已的情况下，他们一般都不愿意麻烦客服，就算要麻烦客服，经常也只是简单提一两个问题进行求证，确认后立即下单购买。如果你让用户将大量的时间花在咨询客服上，就等于变相地把潜在客户赶向别家。

任何产品或服务的营销推广都有落地页，这个页面可以参考主流电商平台的产品详情页面思路，以“专题”的标准来做一个产品详情页。

专题的优势在于专，它和商品页的标题一致，突出核心诉求。专题本质上与写一篇文章需要构思几个段落表达一些想法没有区别，文章的目的是吸引读者顺着你的思路往下读，专题同样要吸引用户顺着自己的宣传思路下拉页面。专题更有意义的地方在于它能更丰富地完整呈现多维角度的观点，同时向用户表达主办方的观点与态度，并引导受众参与互动。

不管我们的产品或服务多有历史，营销所面对的绝大多数都是新用户：新进来了解的用户、竞争对手的潜在用户、围观群众等，他们大多需要对有意向了解或购买的产品或服务有一个全新的认知过程。外部的营销手段更多的是解决用户“听说”和“了解”的问题，很多左右决策的问题仍需回到可以发生购买行为的平台来解决。

在用户已经和客服展开沟通的情况下，我们要考虑如何帮助用户解决他的问题，如何引导用户对产品产生更浓厚的兴趣，如何帮助用户进行求证，如何利用促单手段驱动购买，如何激励用户好评与分享，并向用户提供相应的答案。

用户在产生购买行为之前，所有外部引流的关于产品、售后服务的求证都只能给用户“仅供参考”的直觉，很难让用户下定决心，只有来自产品购买页面所呈现的官方答案才能让其交易行为变得“有图有真相”，成为卖家“承诺”，可以作为售后服务的投诉及处理的凭证。

从另一个角度来说，所有需要为目标用户群体解答的客服，都应考虑在外部的营销答案铺设过程中精心植入，这样才能够利用答案铺设帮助用户在信息平台与社交平台上自主解答大量的问题。如此，我们将能帮助用户最大限度地对产品或服务主动进行认知，从而减少在线客服人员方面的投入。

答案营销的长尾效应

长尾理论是美国《连线》杂志时任主编克里斯·安德森在 2004

年提出的一种理论，大意是只要存储和流通的渠道足够大，需求不旺或者销量不佳的产品共同占据的市场份额就可以和那些数量不多的热卖产品所占据的市场份额相匹敌甚至胜出（见图 12）。

在我看来，安德森所认为的产品是有局限的，执着于与同类型产品中销售份额大的产品进行比较，就忽略了任何产品都可以寻找商业中的“缝隙机会”收获更细分市场的可能。实际上，同类产品差异化的更细分市场可能会让冷门产品逆袭或开拓更宽广的市场。

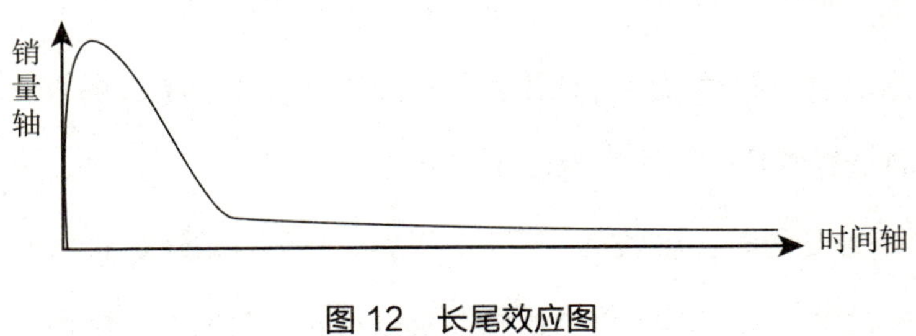

图 12　长尾效应图

长尾理论还有另一种阐述：在一个富余时代（只有在富余时代，人们的需求才更加个性化，需求曲线变得更平，尾巴更长），科技的发展能够满足人们的个性化需求，能够规模性地满足人们个性化需求的公司（例如淘宝系实施多年的“千人千面”信息流推送，今日头条系的推荐算法）成了大公司。

自从苹果、小米引领“年度爆款”后，很多企业对“爆款”产品极度渴盼，都希望能够通过打造爆款来引领企业规模快速增长。虽然以拼多多为首的拼团模式风靡社交网络，但大家都清楚，适合在这种平台做爆款的产品主要是非理性消费的快消品，并且以低价作为卖点，对企业长期发展并无助力，做多了反而对品牌造成伤害。企业品牌才是最重要的资产，甚至超越企业固定资产本身。爆款生命周期都很短，还需不断经受大众的市场检验，这种风险成本巨大。

大多数产品并不能像互联网技术与生物医药、电子产品那样容易滋生大量具有颠覆意义的革命性产品，只能通过部分技术革新与设计等来增加附加价值，如家电、食品、日用品、生活服务等。这些产品或服务的销售行为都是长期行为，都渴望产生长尾效应。单纯的打造爆款模式无法实现这样的目的。

百度搜索的长尾关键词有热门也有冷门，做SEO的大多喜欢优化热门词，也有人热衷寻找机会获得众多冷门的“长尾词”的流量，长尾词足够多的话，加起来的流量也可能不逊色于热门词。答案营销很多时候都需要围绕长尾关键词开展，尤其是在产品或服务的发展期和成熟期。

在实际工作中，即便我们有能力去开拓更广泛的存储（物流）渠道和更多的商品流通渠道（交易购买平台），但是所有平台的开拓与运营都会产生巨大的运营成本，成本的投入与现实的获益需要慎重考量，而答案营销所具有的长尾传播效应恰好能够解决这个难题（见图13）。

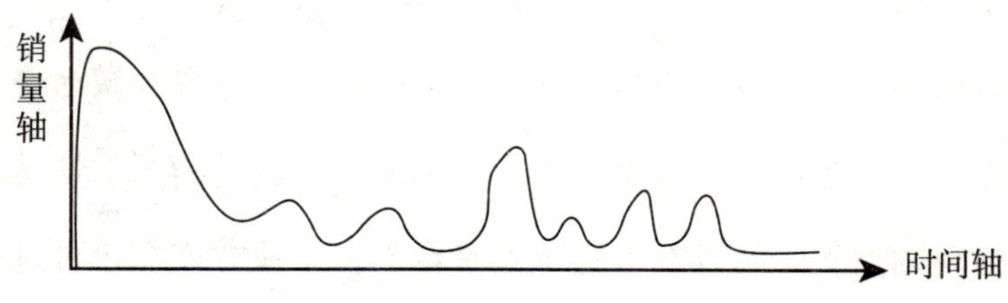

图 13　答案营销的长尾效应

即使随着营销活动的时间推移，之前铺设的营销答案不断下沉、被淹没，但是互联网平台的信息具有与平台共生（永生）的特点，那些之前铺设的答案仍然都在那里等待重新被新用户拾起来，进而再次完成从了解到分享的过程。即某个平台完成一次完整的营销答案链铺设之后，随着后续各种营销活动、话题（事件）的展开，新的目标用户群体再次被激活，即可无限地延伸答案营销的寿命，继续答案营销的变现之旅。这是属于答案营销的不一样的长尾效应。

所以，答案营销的长尾效应首先是基于信息传播的长尾效应，以及答案从重点平台向目标用户聚集的中小型平台不断延伸的长尾扩散效应。

第一，随着平台的时间积累，答案营销使网络营销的寿命变得无限延伸。在某个平台完成答案营销的铺设后，随着时间的推移，我们只需要借用大量的活动、话题等，就可以再次大量激活之前铺设的答案，让平台上的新老用户再次进入了解、兴趣、求证、购买、分享的答案链。在一次次的营销活动过后，答案营销因为不断延续的话题、分享等用户自主社交互动行为，也会再次激活更多新用户在平台上主动获得完整的答案，从而产生新的购买。这是一个无限循环的过程。所以在一些重点平台上，企业方应择机再进行多次营销激活，以保持其营销答案的长尾效应的效益最大化。

第二，答案营销渠道的铺设，还能轻松照顾到众多小众群体。大量的小型目标受众聚合平台可以进行同样的答案铺设与用户连接。虽然百度、微博、微信、今日头条等头部流量入口聚集了最大数量、数以亿计的用户群体，但还有众多的垂直平台“独角兽”少则聚集几十万用户，多则聚集数千万用户，体量巨大。垂直平台的用户聚集更为精准，潜在的价值也因为精准而极有可能逆袭超越头部流量入口的那些综合平台，成为我们的产品或服务的精准用户重要来源。

移动社交网络空前繁荣，大数据被广泛应用，但大数据仍然只服务于少数企业，更多企业未必有机会或有效用好网络平台的大数据为自己服务。众多企业需要通过精准的细分市场定位，洞悉小众、个性化群体的共同需求，找到为之提供针对性的产品或服务营销的答案，开辟属于自己的市场空间。

互联网为新时期的营销传播提供了无限的想象空间，原则上任何曾经创造的内容都可以在网络上得以“永生”，答案营销将让这些“永生”的信息在首次创造营销成功后仍然持续发光发热，为企业带来更长效的收益。

答案营销是企业开展网络营销的新思维，更是帮助用户解决需求、帮助企业转型以实现产品或服务持续销售增长的利器。答案营销的意义和价值不容小觑，或将引领营销领域的新热潮。